EUROPA BRAUCHT SPIRITUALITÄT

QUAESTIONES DISPUTATAE

Begründet von
KARL RAHNER UND HEINRICH SCHLIER

Herausgegeben von
PETER HÜNERMANN UND THOMAS SÖDING

QD 263

EUROPA BRAUCHT SPIRITUALITÄT

EUROPA BRAUCHT SPIRITUALITÄT

Herausgegeben von Erwin Möde

HERDER

FREIBURG · BASEL · WIEN

MIX
Papier aus verantwortungsvollen Quellen
FSC® C083411

www.herder.de
Umschlaggestaltung: Verlag Herder
Satz: Barbara Herrmann, Freiburg
Herstellung: CPI books GmbH, Leck
Printed in Germany
ISBN 978-3-451-02263-0

Inhalt

III.
Zeitenwende in Europa
Kulturkrise und Spiritualität

Vorwort

Es gibt Thesen, die wollen schon deshalb formuliert und reflektiert sein, weil sie einen Diskurs anbahnen können, der statt fertige Antworten zu geben Horizonte eröffnet. Ein herrschaftsfreier Diskurs also, mit einer Thesis als Katalysator statt als fixer Zielvorgabe. Ein Diskurs ohne Deutungsmonopol, dafür vieldeutig und transparent auf die großen Themen und „Zeichen der Zeit".

In der Reihe der „Quaestiones disputatae" dürfen solche frag-„würdigen" Diskurse entfaltet und den Lesern angeboten werden: *Europa braucht Spiritualität.* Diese Leitthese des vorliegenden Bandes entlässt ein Panorama vielschichtiger Beiträge. Gebündelt und „gebunden" gewinnen sie etwas „Regenbogen"artiges, werden sie zu multiperspektivischen Anschauungen des Phänomens „Spiritualität" im Europa der Zukunft und für die Zukunft Europas.

Weil Europa multikulturell und multireligiös ist, deshalb kommen in diesem Diskurs Frauen und Männer verschiedener Herkunft, Kultur- und Religionszugehörigkeit zu Wort. Aus Theologie und Kirchen, aus den drei „Abrahamitischen Religionen" (Judentum, Christentum und Islam), aus Politik, Humanwissenschaften und Journalistik werden renommierte Zeitzeugen das Ihrige sagen zu einer These, deren Tiefendimension erst durch die polysemantische Methode ausgestaltet wird. Zur lebendigen, originellen Anschaulichkeit wie zur thematischen Einheit des Bandes gehört folgende Systematik: Die Einzelbeiträge werden eingebunden in eine Fundamentalreflexion zum Begriff der „Spiritualität" und in eine konklusive „Synopse" der Erträge des Diskurses. Die Originalität der Beiträge und ihr innerer Konnex liegt insbesondere in der Verbindung des Religiösen mit dem Kulturpolitischen, also des Spirituellen mit der Europafrage.

Genau diese Verbindung gibt der These ihr Alleinstellungsmerkmal, ihre Aktualität und Attraktivität. Alle Koautor(inn)en empfanden dies so und brachten sich in Form kritisch-origineller Beiträge engagiert in das Projekt ein. Ihnen allen gilt mein großer Dank. Besonders danken möchte ich Prof. Dr. Peter Hünermann (Tübingen), dem Mentor der Reihe, für sein hilfreiches Entgegenkommen. Den

Lehrstuhlassistenten Frau Dr. Marion Bayerl und Herrn Marco Kühnlein gilt mein Dank für die sorgfältige und kritische Erstellung des Manuskripts.

Eichstätt, am ersten Adventssonntag 2013
Prof. Dr. Dr. Erwin Möde
Lehrstuhl für Spiritualität und Homiletik

Spiritualität, ein „weites Land"

Einleitende Hinführung zum Begriff „Spiritualität"

Erwin Möde

1. Methodische Hinführung im Überblick: Responsive Spiritualität

„Die Seele ist ein weites Land", dessen war sich schon Demokrit, der skeptische griechische Philosoph, bewusst. Ähnliches gilt erst recht für „Spiritualität": Auch deren Praxis- und Theorie„felder" ergänzen und überschneiden einander zu einem unermesslich „weiten Land", nicht ohne pathogene Abgründe und humane Anhöhen. Europa im angebrochenen 21. Jahrhundert mit seinen über 500 Millionen EU-Bürgern ist ebenfalls ein „weites Land": von den Kapverdischen Inseln bis zum Nordkap, von Grönland bis Istanbul. Ein Land mit seinen klein- und großräumigen Kulturen. Und keine Kultur ohne deren Teilhabe an der *religiösen Frage!*

Die geopolitischen wie die geschichtlichen Zeit-„Räume", bis hinein in die globalisierte aktuelle Zeitgeschichte, führen uns je neu vor Augen, wie vehement und blutig religiös motivierte Konflikte sein können. Im postmodernen „Kampf der Kulturen" (S. Huntington), im weltweiten Terrorismus heute, gelangt ex negativo die alte Frage nach Spiritualität/Religiosität, nach ihrer Handlungsethik und ihrem Verbindlichkeitsanspruch, erneut zur Geltung. Europa braucht Spiritualität. Für die Entfaltung dieser Leitthese als „Quaestio disputata" bedarf es zunächst einer Abklärung des weitläufigen Wort„feldes" *Spiritualität.*

Auch wenn sich keine punktgenaue Begriffsdefinition aus dem fortwährend oszillierenden Milieu des Religiösen (nicht der Religionen!) ergeben kann, wird immerhin der Abklärungsprozess selbst gewisse „Lichtungen", Ausdifferenzierungen und „Crossover"-Vermessungen erbringen. Eine einzige applikable Methode zur Bemessung und (Begriffs-)Profilierung von „Spiritualität" wird es freilich *nicht* geben. Gefragt ist vielmehr ein methodischer Cluster auf ausgewählt kriteriologischer Basis. Zu diesem gehört einsichtigerweise, dass es Spiritualität „an sich" ebenso wenig „gibt" wie Kants „Ding an sich“. Alle auf Statik und Substanzialität ausgerichteten Modelle versagen, so wie regelmäßig die scholastischen Partizipationsmodelle scheitern, wenn es um realaktuelle Beziehungs- und Responsivitätsverhältnisse des menschlich-gesellschaftlichen und des religiösen Lebens geht. Diesen aber ist Spiritualität zu- und einzutexturieren, um das „Phänomen des Religiösen“ sowohl lebensweltlich als auch theologisch verstehbarer werden zu lassen.

Um es hinreichend deutlich zu konkretisieren: Weder konfessionelle noch traditionelle noch religionsgemeinschaftlich-institutionelle Inhalte bzw. Formgebungen von „Spiritualität“ werden in diesem Beitrag zu Grundlagen der Erörterung. Dies würde nur zu unsäglichen religionswissenschaftlichen Vergleichsstudien führen. Schon gar nicht soll hier heimlich vom Primat einer jüdischen, christlichen oder islamischen Religion methodisch ausgegangen werden. Sowohl eine Pneumatologisierung als auch eine Subjektivierung von Spiritualität würde einseitig zu kurz greifen. „Spiritualität“ soll hier, wie im angelsächsischen Raum bereits seit dem 19. Jahrhundert wissenschaftlich favorisiert, als *transreligiöser* Begriff philosophisch-anthropologisch akzentuiert werden. Auf solch breiter und zugleich ausgewählter Basis lässt sich in diesem einführenden Beitrag wohl am ehesten Transparenz in die Leitthese einer desiderativen und universellen Spiritualität für Europa im 21. Jahrhundert einbringen. Keine neue Spiritualität im (vormals romantischen) Sinn (z. B. G. W. F. Hegels) einer „neuen Religion“ für das postmoderne Europa soll utopisch angedacht werden, sondern ein Reflexionsweg aufgenommen, der Spiritualität auf ihre bleibenden Konstanten hin analysiert. Der mutmaßlich epochale Zeit-Raum als Gestaltungs- und Resonanzraum des Spirituellen ist – wie J. Habermas ihn benennt – die globalisierte „postmoderne Moderne“. Zeitanalytisch gilt es, sie als Bezugsrahmen für die zweckdienliche Analyse von „Spiritualität“ fortgesetzt mitzubedenken, um das (Einzel- und Gruppen-)Subjekt des Spirituellen relational zu verstehen und nicht unversehens in eine abstrakte „Spiritualität der Innerlichkeit“ zu verfallen.

Ähnlich wie für den Psychologen K. Levin der Mensch stets nur als „Person in Situation“, d. h. in labyrinthischer Wechselwirkung mit dem Resonanzmilieu seiner Umgebung verstehbar wird, wird bereits für W. Dilthey jedwedes (Selbst-)Verstehen des Menschen zu einem triadisch-zirkulären „Erleben“ vermittels sprachlicher Artikulation und Bedeutungsgabe. In seiner „Hermeneutik des Lebens“[1], philosophiegeschichtlich zwischen Historismus und (hegelischem) Idealismus situiert, analysiert Dilthey das subjektive, be-deutende Verstehen in seinem geschichtlichen und sprachkreativen „Zusammenhang“ mit der universellen Größe des „Lebens“ als nicht kontingentem, sondern „geistig“-geschichtlichem Resonanzraum. Ob M. Heideggers Ontologie von „Sein und Zeit“, K. Graf Dürckheims vom japanischen Zen beeinflusste transpersonale Existenzialpsychologie, K. Jaspers „philosophischer Glaube“ angesichts der Offenbarung, alle hier exemplarisch herangezogenen Autoren schreiben als Hermeneutiker von Sein und Leben, deren Subjekt der Mensch jeweils ist: in Sprache, Verstehen, Selbstauslegung *und* Spiritualität. So vermag H.-G. Gadamers „Wahrheit und Methode“ (1960) die sprachgeführte menschliche Eigenart im Horizont von Logos und Geschichte als je relative zu bestimmen.

„Spiritualität“ als dynamisches „Erleben“ bzw. als be-deutende Erlebnishaltung („Habitus“) des Individuums wie der (Glaubens-) Gemeinschaft wird erst dann grundlegend verstehbar, wenn sie einer romantischen Individualhermeneutik ebenso entzogen wird wie einer modernen Werte- und Verhaltenspädagogik. Ist Spiritualität erst einmal wissenschaftlich „entzaubert“ und entfremdet ins Statische hinein (von Habitus, Werten, Formen, Stilen und fixen Bekenntnissen), dann wird sie – so zugerichtet – empirisch-phänomenisch test- und messbar. Aber erst jenseits des Messbaren wird Spiritualität *verstehbar* als dynamisch-kreatives Beziehungsgeschehen eigener Qualität: Spiritualität als Beziehungs-, Erlebnis- und Deutungsgeschehen ereignet sich stets im multiplen Horizont und Resonanzraum von Geschichte, Sprache, Tradierung, Aktualisierung, Eigenbiographie und Gesellschaft. Spiritualität ist *responsives* Geschehen sui generis, d. h. ausgelegt auf transzendentale Ästhetik und (Sprach-)Beziehung zu dem umfassend Anderen, dem „semper maius“ des Transzendent-Absoluten, das gleichwohl hinein„west“ und fortgesetzt einwirkt auf Weltgeschichte im Allgemeinen und Subjektivität im Einzelnen. Spiritualität in actu erstrebt Transzendenz und Transformation des bloßen Daseins. Sie erspürt Sinn-

[1] Vgl. H.-G. Gadamer, Wahrheit und Methode. Grundzüge einer philosophischen Hermeneutik, Tübingen ^{4}1975, 218f.

und Heilserfahrung im Widerfährnis des „großen Anderen", seiner (Selbst-)Mitteilung, Versteh- und Bedeutsamkeit.

Die geisteswissenschaftlich-methodische Reflexion *über* Spiritualität ist zu unterscheiden von gelebter Spiritualität und deren „Sitz im Leben". Im „Schmelztiegel" der angloamerikanischen „religious sciences" („religious studies" usw.) regiert zunehmend der hermeneutische Trend, alle Bedeutungsgabe als „spiritual act" und alles Bedeutsame („meaningfull") als „spirituell" zu deklarieren. Auf dem Hintergrund der 2500-jährigen Geistes- und Philosophiegeschichte Europas darf allerdings die Differenz zwischen „Bedeutsamem" und „Spirituellem" aufrechterhalten werden: Alles Spirituelle ist bedeutsam, aber nicht alles Bedeutsame ist spirituell. Alles Spirituelle ist werthaltig, aber nicht alle Werte sind „spirituelle".

Kann man dieser simplen Unterscheidung zustimmen, so wird damit auch entschieden in die Methodik eingewiesen für alles weitere Verstehen von gelebter und reflektierbarer Spiritualität: Ihr *Akt*-Zentrum ist die (erstrebte, gelebte, verfehlte, vorgestellte, gewährte usw.) Transzendenz-Beziehung mit dem (personalen, apersonalen, unbewussten, extramundanen usw.) Absoluten als „umfassender Wirklichkeit des Lebens" (K. Jaspers). Jede Mystagogie und jeder mystische Akt erstrebt als „spiritual turn" die noetische „Wende" vom Selbst zum Anderen, von innerweltlicher Tautologie zum Widerfährnis unwiederholbar einmaliger Responsivität[2].

Jede Reflexion über Spiritualität bliebe vorläufig, gäbe es nicht Beides: den Menschen als Subjekt des spirituellen Aktes und dessen Beziehungswirklichkeit zum Transzendent-Absoluten sowie vom Transzendent-Absoluten her auf das Subjekt zu. Die Prämisse dieser dynamisch-ontischen „Bezugsachse" ist zugleich die jedem spirituellen Aktgeschehen inhärente Finalität. Auf sie hin öffnet sich das Subjekt des Spirituellen, in ihrem Vollzug transzendiert es „sich", um sich vom „großen Anderen" her orientieren und transformieren zu lassen.

Spiritualität aller Welt- und Naturreligionen sowie der transpersonalen (Psycho-)Therapien und Philosophien erlebt und erneuert sich persistent im hier skizzierten „spiritual turn". Dieser ist das praktische Akt- und theoretische Verstehenszentrum universaler Spiritualität. Die einzelnen, untereinander verschiedenen Religions- und

---

[2] E. Möde, Christliche Spiritualität und Mystik. Eine systematische Hinführung, Regensburg 2009, 77–84.

Konfessionsgemeinschaften mit ihren Spiritualitäten partizipieren auf je eigene, aber auch historisch überholbare Weise an den geschilderten Prämissen und Konstanten der universellen, „natürlichen" Spiritualität. Sie ist die Vorgabe für alle partikuläre Spiritualität, insofern sie sich als dem Anspruch des Transzendent-Absoluten unterzogen und zur Responsivität (auch in der Weise nachgehender Reflexion, Hermeneutik und Ethik) verpflichtet „erlebt".

(Praktische) Spiritualität in ihrem Vollzug als „Erlebnis" lässt sich also methodisch reflektieren unter der Option von Transzendenz, genauerhin des *Transzendenzaktes,* der sich auf das Absolute bezieht und das Subjekt zum *Subjekt des Absoluten* werden lässt. Zumindest seiner Intention nach erstrebt der spirituelle Akt mehr als „immanente Transzendenz" (E. Bloch) mit wechselnden Bedeutungsgaben und Wertestiftungen areligiös-humanistischer Provenienz. Spiritualität als solche bleibt im eigentlichen Wortsinn „radikal" rück- und eingebunden in den „Bewandtniszusammenhang" (H.-G. Gadamer) ihrer Zuordnung zu „transzendentalen Ursprungsmächten", sei es personalen, sei es apersonalen. Genau an dieser hier hoffentlich hinreichend verdeutlichten *Grenze* zwischen Spiritualität und Nichtspiritualität entzündet sich je neu und diskussionsintensiv die „Dialektik der Hierophanie" (M. Eliade).

2. Postmoderner Globalisierungs„druck" auf die „Dialektik der Hierophanie" (M. Eliade)

Den Begriff der „Dialektik der Hierophanie" hat Eliade bereits in seinen „Traités d'histoire des religions" (Paris 1949) dargelegt (deutsch: Die Religionen und das Heilige, Salzburg 1954). Demgemäß konstituiert sich die „Dialektik der Hierophanie" über „das paradoxe Zusammenfallen des Heiligen und des Profanen, des Seins und des Nichtseins, des Absoluten und des Relativen"[3]. Hierophanie folgt – gemäß Eliade – ihrer Selbstgesetzlichkeit der freien, „ausgrenzenden Wahl" dessen, was sie als „Heilig" erachtet. Andererseits sei ihr die Bewegung inhärent, ent-grenzt universal zu werden. Deshalb zeitige die „Dialektik der Hierophanie" „die Tendenz [...], den pro-

---

[3] M. Eliade, Die Religionen und das Heilige. Elemente der Religionsgeschichte, Frankfurt a. M. ²1986, 54.

fanen Bereich unaufhörlich zurückzudrängen und ihn zuletzt aufzuheben"[4].

Gemäß Eliade ist die Grenze zwischen „Heiligem und Profanem" für den Bestand jeder Religion notwendig konstitutiv. Die „Dialektik der Hierophanie" (ent)birgt jenen Prozess der *Entsakralisierung*, der sich dadurch fortsetzt, dass er die religionskonstitutive Grenze bzw. „Differenz" zwischen Heiligem und Profanem aufzuheben trachtet. Der Säkularisierungsprozess als Entsakralisierungsvorgang lässt sich nach Eliade gerade auf die Wirksamkeit (quasi-)religiöser Vorstellungen und Einstellungen zurückführen, die ihre Gemeinsamkeit und Einheit darin finden, Katalysatoren der *entgrenzenden Universalisierung* und Egalisierung zu sein. Nach Eliade mündet die ganze (abendländische) Religionsgeschichte in „die völlige Verschleierung des ‚Heiligen', genauer seiner Identifikation mit dem ‚Profanen'"[5]. Dieser Prozess kommt – laut Eliade – in Europa nach der Aufklärung, unter Beteiligung der „Hauptvertreter der Reduktionsismus – von Marx und Nietzsche bis Freud"[6] zu seiner Vollendung.

Das, was gemäß M. Eliade für die Grenze zwischen „Heiligem und Profanem" gilt, ist auch maßgebend für die – wie vorhin formuliert – „ausgrenzende Wahl" bei fundamentalen Erfahrungen, Begriffs-, Methoden- und Relationsbestimmungen der Spiritualität und der sie versprachlichenden Theologie der Spiritualität. Beiden nämlich ist ein „Globalisierungsdruck" mit Wechseldynamik anzumerken, der über eine Sensibilisierung der Grenzen hinaus längst schon dialektisch kippt zu grenzenlosem Integralismus und Universalismus. Mit in sich potenzierender Wechselwirkung kooperieren alsdann utopischer Integralismus und sich entsubstanzialisierende theologische (Begriffs-)Sprache. Und zwar umso beschleunigter, je loser und verfallsbedrohter die (Sprach-)Produktionen des „Assimilations"-Prozesses geraten. Es darf in diesem Zusammenhang nicht verwundern, dass heute die meisten „Gläubigen" in Deutschland, wie neueste Erhebungen zeigen, einerseits keinen Bezug mehr zu ei-

---

[4] Ebd., 518.

[5] R. Schaeffler, Religiöse Kreativität und Säkularisation in Europa seit der Aufklärung, in: M. Eliade, Geschichte der religiösen Ideen, Bd. III 3/2: Vom Zeitalter der Entdeckung bis zur Gegenwart, hg. v. I. P. Culianu, Freiburg i. Br. 1991, 410–447, 410.

[6] Ebd.

ner Transzendenz im Alltag entwickeln (können oder wollen).[7] Andererseits sind etliche nach eigener Aussage auf der Suche nach sogenannten „spirituellen Angeboten“, die in der Regel jedoch nicht recht spezifiziert werden.[8]

Bereits 1969 monierte J. Sudbrack bezüglich der „Probleme, Prognosen einer kommenden Spiritualität“[9] die mangelnde Diskursivität zwischen der Theologie der Spiritualität und der Sprachphilosophie. Dabei käme – wie beispielsweise B. Fraling hervorhebt[10] – der interdisziplinären Achse Sprachphilosophie – Spiritualitätstheologie der vorrangige (Differenzierungs-)Auftrag zu, „Sprachfelder“ und deren Medialität für verbindliche theologische Kommunikation zu untersuchen. Solch systematisierte Untersuchungen könnten das Ihrige in der Theologie dazu beitragen, dass es zu keiner projektiven Aufladung und damit Auflösung von theologischer (Begriffs-)Sprache kommt, sondern zu signifikanten Sprachrelationen.

Im Hinblick auf M. Eliades „Dialektik der Hierophanie“ lässt sich hier als Ergebnis feststellen, dass zum dynamischen Gestaltungsprozess der einmal etablierten Religionen, ihrer Prägungen und Kulte, eine inhärente Tendenz der selbstentgrenzenden Universalisierung und Selbstauflösung gehört. Greift diese Tendenz verstärkt, weil durch Globalisierungs„druck“ beschleunigt, droht der betroffenen Religion statt Erneuerung Entgrenzung, statt Universalität Selbstauflösung. Letztere kann sich einerseits schleichend, andererseits über (reaktive) Spaltung und weitere Aufsplitterung vollziehen. Die pathologische Aufspaltung religiöser Bewegungen in fundamentalistisch-reaktive gegen progressistisch-integralistische Strömungen ist längst schon zur religionssoziologischen Tatsache der „Dialektik der Aufklärung“ (M. Horkheimer, Th. W. Adorno)[11] geworden.

---

[7] MDG-Milieuhandbuch 2013. Religiöse und kirchliche Orientierungen in den Sinus-Milieus, hg. v. MDG Medien-Dienstleistung GmbH, Heidelberg/München 2013, 16, 20.

[8] Ebd., 18.

[9] J. Sudbrack, Probleme, Prognosen einer kommenden Spiritualität, Würzburg 1969.

[10] B. Fraling, Überlegungen zum Begriff der Spiritualität (Theologie der Spiritualität 4), Münster 2001, 6–30.

[11] Genauer dazu: E. Möde, Offenbarung als Alternative zur Dialektik der Postmoderne. Eine fundamentaltheologische Untersuchung, München [2]1995, 305–338.

Dazu ein illustrierendes Beispiel aus spätantiker Christentumsgeschichte, nämlich der Begriff „spiritualis“: Wie J. Sudbrack[12] in genauer Rekonstruktion der Bedeutungsverschiebung nachweist, wird aus dem originär neutestamentlich-pneumatischen Verständnis von „Spirituale“ vermittels griechisch-philosophischer Denkmodelle bereits in den Briefen des Hl. Hieronymus und bei Gregor von Nyssa der Charaktertypus des selbstbesonnenen, sich vernünftig kontrollierenden Mannes. Anthropologisch-pädagogisch entgrenzt und bald schon auf philosophischem Sprachfeld platziert wird die „spiritualitas“ des „Spiritualen“ zu einer erlernbaren Tugend vernünftiger Selbstkontrolle und guten Benehmens. Die pneumatische, christlich-revolutionäre Identität des Begriffs „spiritualis“, die auf Christi Geistgabe als Charisma abzielt, wird vom Besonderen paulinischer Theologie in das Allgemeine einer Charaktertypologie transponiert. Die Folge dieser verallgemeinernden Reduktion (Assimilation) ist die Banalisierung sowohl des Begriffes als auch seines unvergleichlichen Erfahrungs- und Verheißungswertes.[13]

Erst im späten 19. Jahrhundert wird in der französischen Theologie der Begriff „spiritualité“ neu akzentuiert und zwar in paradigmatischer Abhebung von den Verlaufsergebnissen der bis dahin vollzogenen Begriffsgeschichte, insbesondere der mittelalterlichen Verrechtlichung des Begriffsinhaltes (mit seiner die geistliche Jurisdiktion betreffenden Unterscheidung in spiritualitas versus temporalitas). „Spiritualité“ als kreativer Zentralbegriff der französischen Theologie des Fin de siècle meint schließlich die jeweils „geschichtlich konkret geprägte Weise christlicher Existenz“[14] auf dem (kirchlichen) Hintergrund von Taufe, Christusbeziehung und Gnadengabe des Hl. Geistes.

Das hiermit eingeblendete Beispiel aus der Begriffsentwicklung von spiritualis, spiritualitas und spiritualité mag Beides veranschaulichen: Jene fatale Tendenz der Entgrenzung und umgangssprachlichen Assimilierung theologischer Signifikanten, aber auch die Chance zur

---

[12] J. Sudbrack, Gottes Geist ist konkret. Spiritualität im christlichen Kontext, Würzburg 1999, 35–84.

[13] Auch hier sei ein Beispiel aus der Sinus-Milieustudie angeführt. Nach der Bedeutung von Glaube und Religion befragt, antwortet ein Vertreter/eine Vertreterin des adaptiv-pragmatischen Milieus repräsentativ: „Das ist mir schon wichtig. Ich mache Yoga, ich meditiere: Das ist ja schon sehr spirituell, oder? Ich glaube schon.“ MDG-Milieuhandbuch 2013 (s. Anm. 7), 19.

[14] B. Fraling, Spiritualität (s. Anm. 10), 13.

innovativen Rélecture (spiritualitäts-)theologischer Schlüsselbegriffe mitsamt ihrer Wirkungsgeschichte. Das Innovative liegt alsdann nicht in der kontrastierenden Wiederentdeckung ehemaliger Begriffsinhalte und gewesener Bedeutungsvalenzen, sondern im Versuch einer zeitnahen, artikulierten Verhältnisbestimmung von Spiritualität und deren Theologie in *differenzbewusster Relation* zu korrespondierenden Wissenschaften. Insbesondere gilt dieser kritische Handlungsauftrag für die Spiritualitätskonzepte und deren Definitionen, die in den angloamerikanischen Kulturräumen durch die „religious studies“ produziert werden. Als vergleichende Religionswissenschaft(en) einem methodischen Atheismus sozialwissenschaftlicher Prägung verpflichtet, reformulieren sie auf humanwissenschaftlicher Basis die metaphysischen Inhalte, das transzendentale Ausgelegtsein und die implizite Ethik von „Spiritualität“. Dass es dabei nicht selten unreflektiert zu Verwerfungen und Entsubstanzialisierungen des traditionell religiös ausgerichteten (Begriffs-)Verständnisses von „Spiritualität“ kommt, ist nur konsequent.

Dazu folgendes Beispiel: Die US-amerikanische Religionswissenschaftlerin S. Schneiders definiert (anthropologisch fundiert) Spiritualität zunächst formal offen als „actualization of the basic human capacity for transcendence“, dann aber inhaltsgenauer „as the experience of conscious involvement in the project of life-integration through self-transcendence towards ultimate value one perceives“[15]. Mit diesem von ihr selbst geprägten, werteeorientierten Spiritualitätsbegriff möchte sie sich von „Spiritually negative life-organizations“[16] absetzen, also von solchen, die durch Destruktivität gekennzeichnet seien. Schneiders versuchsweise Begriffsnormierung folgt den konzeptionellen Vorgaben der humanistischen Psychologie von wertebewusster, integrativer Lebensgestaltung. Man denke hierbei nur an E. H. Eriksons Klassiker „Insight und Responsibility“ (1964), „Identity: Youth and Crisis“ (1968), „Gandhi's Truth“ (1969) u.v.a.

„Spiritualität“, ent-grenzt aus dem „Religiös-Transzendenten“, über subjektive, förderliche Wertemaximen und deren Realisierung zu definieren, wirft grundsätzliche hermeneutische Fragen auf: Zu-

---

[15] S. M. Schneiders, Approaches to the Study of Christian Spirituality, in: A. Holder (Hg.), The Blackwell Compassion to Christian Spirituality, Malden/Oxford 2006, 16.

[16] Ebd., 17.

nächst nach dem Verhältnis des traditionellen (am Religiös-Metaphysischen und Transzendentalen orientierten) Spiritualitätsbegriffes zu dem „neuen", humanistisch-sozialwissenschaftlich-psychologisch abgeleiteten. Wenn dieses Binnenverhältnis einander konkurrierender Spiritualitätsbegriffe mehr als ein „Bruch"-Verhältnis sein mag, so ist dessen *umfassende Identität* angefragt. Sollte jedweder wertevollführende, integrative Akt bereits als „transzendent" und „spirituell" qualifiziert werden, dann wäre mit der Inflation des Begriffs auch dessen allseitige Bedeutungslosigkeit und Beliebigkeit perfektioniert. Hinzu kommt, dass die humanistische Psychologie wie die Humanwissenschaften insgesamt die Vokabel „spirituell" weit eher als Beiwort denn als methodischen Begriff gebrauchen.

Wird also der Spiritualitätsbegriff in seiner *transreligiösen Verwendung* postmodern säkularisiert, weil er ohne adäquaten Neuwert und ohne verbindliche Reformulierung entsakralisiert, entsubstanzialisiert und verbeliebigt wird? Bedarf es mithin notwendig, wovon M. Eliade überzeugt ist, des Religiös-Transzendenten als Vor-gabe und Finalität der Spiritualität, um nicht Utopien „immanenter Transzendenz" (E. Bloch) zu bereden?[17] Vorgestoßen auf diese ebenso grenzwertige wie diskutable Grundfrage nach Praxis, Wesen und Begriff von „Spiritualität", soll im Folgenden eine „3. Ebene von Hermeneutik" eingeführt werden. Gilt es doch auf dem bereits hier aufgenommenen Weg der „Hermeneutik des Lebens" (W. Dilthey) sowohl eine Engführung und Fixierung des Spiritualitätsbegriffes auf das Religiöse zu unterlassen als auch eine utopische Vergleichgültigung von spiritueller Erfahrung und Begriffsbildung zu meiden.

---

[17] Die wachsende Attraktivität einer „immanenten Transzendenz" in ihrer popular-pseudoreligiösen Ausprägung und damit eine Verflachung des Spirituellen hin auf eine selbstzentrierte Innerlichkeit zeigt sich symptomhaft erneut in einigen kollationierten Analyse-Passagen aus der neuesten Sinus-Milieustudie, bspw.: Milieu der Liberal-Intellektuellen: „Gott wird als Urkraft verstanden, die in allem ist. Liberal-Intellektuelle […] beschreiben Gott als Überzeugung, die in ihnen wohnt". MDG-Milieuhandbuch 2013 (s. Anm. 7), 125. Milieu der Performer: „Eher bedeutet Beten, in einen inneren Dialog zu treten – allerdings nicht mit Gott, sondern mit sich selbst, oder einem höheren Wesen." Ebd., 163. Expeditives Milieu: „Spiritualität deuten Expeditive als individualistische Auseinandersetzung mit sich selbst. […] Für viele sind Gebete Selbstgespräche, bei denen eine höhere Macht mithört." Ebd., 201.

3. Spiritualität und (trans-)personaler Logos

Selbst wenn man die (reflektierte) Erfahrung und den Begriff des Spirituellen auf „Spiritualität der Weltkulturen"[18] beschränken möchte, wird die kontroversträchtige Frage nach den elementaren Qualitäten des Transzendent-Absoluten virulent werden. Die vermeintliche Einheit des Begriffs zerfällt bereits im Vorfeld des Religionsanalytischen: Während die Natur- und Stammesreligionen in unüberschaubare Poly- und Pantheismen, in opfervolle Ahnenkulte, Spiritismen, Exorzismen usw. ausufern, bewahren die drei „Abrahamitischen Religionen" (Judentum, Christentum und Islam) ihren Monotheismus des einen und einzigen Gottes, d. h. des *personal Absoluten* und seiner Offenbarungen. Die (süd-)ostasiatischen Hochreligionen des Buddhismus, Brahmanismus usw. tendieren in ihren volksreligiösen Ausprägungen zwar dazu, naturreligiös-polytheistisch zu werden, erweisen sich aber in ihren ursprünglichen geistlichen (Weisheits-)Lehren, Askesen, Exerzitien und „Totenbüchern" als dem *apersonal* Transzendenten empfänglich zugewandt.

Holzschnittartig vereinfacht lässt sich von nur *zwei* religiösen Grundannahmen zur Selbstidentität des Absoluten ausgehen: Das *personale Absolute,* das seine Gläubigen zur Personifizierung „Gottes" drängt, und das *apersonal Absolute* des „großen Sinns" mit seiner fortwährenden unpersönlichen Schöpfungs- und Ordnungskraft. Während die fernöstlichen Hochreligionen ihre weisheitlich-asketische Spiritualität des apersonal Transzendent-Absoluten über Jahrtausende entwickelten, zentriert sich die spirituelle Beziehungsintention der übrigen Natur- und Hochreligionen weltweit seit jeher auf die anrufbare Gottheit, bis hin zum göttlichen „Du". Personaler (z. B. selbstoffenbarender, inkarnatorischer) Logos sowie apersonaler Logos sind die „großen Anderen" in den spirituellen „Bewandtniszusammenhängen" der Religionen.

Sehr wohl bestehen also atheistische Religionen *ohne* Gott, aber *nicht* ohne das „Theion", verstehbar als göttlicher (Ursprungs-)Kraft, Sinn, Logos usw. Die frühen Christen der Spätantike wurden von manchen Neuplatonikern, Gnostikern u. a. als „A-theisten" gescholten, als „fern dem Göttlichen". Im Christlichen werden „höchstes

---

[18] E. Möde (Hg.), Spiritualität der Weltkulturen, Köln/Graz/Wien 2000.

Sein“ und Logos personalisiert und, anders als in Judentum und Islam, inkarniert. Genau diese Zentrierung des „Heiligen“ in *dem* „Heiligen“ (Jesus Christus) provozierte skeptisch zum A-theismus-Vorwurf an die Christen. Der Streit um Theion oder Theos, um das „Heilige“ oder den „Heiligen“, um das personal oder apersonal Absolute, durchformt die Religionsgeschichten und ihre Spiritualitäten bis heute. Eines ist ihnen allerdings subsistierend *gemeinsam:* das Verständnis vom Menschen als Subjekt des (universellen) Absoluten, eines göttlich Absoluten bzw. absoluten Gottes, zu dem in responsiv-transformatorische Beziehung zu kommen Verheißung und Praxis aller – auch der atheistischen – Religionen und deren Spiritualität(en) ist.

Religionsgebundene Spiritualität, sei es der Natur-, Stammes- oder Hochreligionen, existiert also notwendig aus der substanziellen Beziehung zum personalen bzw. zum apersonalen Logos. Ihre Subjekte bleiben im spirituellen Akt stets Subjekte des Transzendent-Absoluten, dessen Selbstmitteilung und transformatorische Erlebbarkeit die Mystik und Offenbarungs„werte“ der einzelnen Religionsgemeinschaften ausmachen. Umso drängender wird damit die vorhin schon entwickelte Frage nach einer *Transreligiösen Spiritualität,* die nicht metaphysiklos dem Beliebigen und Immanentistischen verfällt, sondern eine methodisch-vernünftige *Alternative* zur spirituellen Kompetenz der Religionen sein kann. Eine solche Alternative entwickelt und verausdrücklicht sich in methodischer Vielfalt spätestens seit den 1950er Jahren im Psychologischen und Psychotherapeutischen. Das hermeneutische Dreieck von „Religion – Spiritualität – Psychotherapie“ rückt seit der Milleniumsgrenze immer auffälliger in die interdisziplinäre Forschung, aber auch in das Populärwissenschaftliche und Journalistische. Um den Rahmen der Grundlagenreflexion dieses Beitrages nicht zu überdehnen, aber gleichwohl argumentativ nachvollziehbar zu bleiben, sollen stark verdichtet im Folgenden Grundinformationen für „transreligiöse Spiritualität“ seitens der „Tiefenpsychologischen Schulen der Gegenwart“ (D. Wyss) aufgezeigt werden.

Die wissenschaftliche(n) Psychologie(en) samt ihren psychotherapeutischen Applikationsansprüchen folgen ausnahmslos der methodischen Option „etsi Deus non daretur“. Psychologie basiert seriöserweise auf methodischem Atheismus. Diese Prämisse hält allerdings das psychologische Forschungsinteresse vor den Phänomenen des Religiösen, Spirituellen und „Heiligen“ nicht zurück.

Theologischerseits wird nicht selten ein „psychologischer Reduktionismus" dort beklagt, wo Psychologie mit inadäquater Hermeneutik über spirituelle Phänomene „aufklären" würde. Nicht übersehen werden sollten bei solcher Kritik die psychologischen Schulen und Strömungen, die sich um neue anthropologisch-therapeutische Zugänge bemühen.

Während die „humanistische Psychologie" (wohl insbesondere in den drei Dezennien von 1960–1990) darauf ausgerichtet blieb, die integrative Individualentwicklung des Einzelsubjekts an dessen Konsensfindung mit humanen und gesellschaftlichen „Werten" (wie Mitgefühl, Vertrauen, Verlässlichkeit, Bindefähigkeit, Toleranz usw.) zu messen, durchbrach die „transpersonale Psychologie" diese neoanalytischen Konzeptualisierungen auf das Transzendent-Absolute hin: auf das „Theion" und dessen wirkmächtige Allpräsenz im universellen, „transpersonalen Logos". Damit überstieg die „transpersonale Psychologie", die von B. Spilka u. a. Religionspsychologen erstellte „Drei-Kategorien-Lehre"[19] von Spiritualität. Diese geht sowohl von theistischen als auch von atheistischen Voraussetzungen aus. Im breiten Konsens der angloamerikanischen Religionswissenschaft definiert sie Spiritualität als: eine Gott-orientierte („theistische"), eine Welt-orientierte und eine humanistisch-orientierte, die auf die „humane Dimension" des (Verhaltens- und Werte-)Spirituellen abzielt.

Weil die „transpersonale Psychologie" mit weltweit namhaften Vertretern wie C. G. Jung („Tiefenpsychologie"), K. Wilber, K. Graf Dürckheim („Existenzialpsychologie"), V. E. Frankl („Logotherapie") u. a. aus der gängigen Kategorienlehre des Humanistisch-Neoanalytischen wie erst recht aus der des Empirisch-Religionspsychologischen herausfällt, wird sie regelmäßig dort ignoriert, wo Anstrengungen „Towards a theory of Spirituality"[20] gewagt werden. Umso gebotener ist daher die Klarstellung, dass es eine weitere Kategorie (des Theion, des universellen und transpersonalen, „unbewussten Logos") zur erfahrungsgeleiteten Theoriebildung geben sollte.

Auf diese 4. Kategorie des universellen (Sprach-)Logos bezieht sich ebenfalls der strukturale Ansatz im psychoanalytischen Œuvre J. La-

---

[19] B. Spilka u. a., The psychology of religion. An empirical approach, Englewood Cliffs (NJ) 1985.

[20] E. Hense/F. Maas, Towards a Theory of Spirituality (Studies in Spirituality Supplements 22), Leuven/Paris/Walpole (MA) 2011.

cans und seiner „École Freudienne“ (Paris). In seiner „re-lecture“ des Freudschen Werkes revolutioniert Lacan den Begriff des *Unbewussten*, als dessen Subjekt er den Menschen interpretiert. „Die Sprache und das Unbewusste“[21] ist das psychoanalytische Experimentierfeld par excellence, um grundiert durch eine von G. W. F. Hegel, M. Heidegger, H.-G. Gadamer inspirierte – *transzendentale Sprachlogik* dem Menschen als Subjekt des Absoluten *ohne* „Gott“ auf die Spur zu kommen. J. Lacan und seine „Schule“ verstehen vermittels der Linguistik und ihrer Signifikantenlehre (F. Saussure) das Unbewusste strukturiert als „gegliederte Sprache“[22], als in das Subjekt (und dessen persönliches Unbewusste) hereinragende Dimension eines persistierenden An-spruches vom „grand Autre“ her. Der „große Andere“ im Sinne Lacans psychoanalytischer Sprachhermeneutik ist das „Unbewusste“ als absolute, autonome, sich in Signifikanten-Sprache („la langue“) dem Menschen mitteilende Wirkmacht.

Anders als für V. E. Frankl gibt es für J. Lacan keinen „unbewussten Gott“[23] und keinen Gott des Unbewussten. „L'Autre de l'Autre n'existe pas“. Dieses strikte, atheistische Leitwort seiner Transzendentalhermeneutik besagt: Der Andere (als Gott) des Anderen (d. h. des Unbewussten) existiert nicht. Solch lapidare Enttheologisierung bricht mit der alten, scholastisch-aristotalischen Metaphysik, allerdings nicht ohne das *Sprachabsolute* als neue Bezugsdimension des Analytisch-Spirituellen und als 4. Kategorie zu den „gegenwärtigen Definitionen von Spiritualität“[24] zu empfehlen.

4. Resümee: Integrative Spiritualität im humanen Bezug zum Absoluten

Zusammenfassend darf vermerkt werden: Seitens der wissenschaftlichen Norminierungsansprüchen unterstellten Psychologien und Psychotherapien gibt es solche mit weltweit renommierten Autoritä-

---

[21] H. Lang, Die Sprache und das Unbewusste. Jacques Lacans Grundlegung der Psychoanalyse, Frankfurt a. M. 1998.

[22] Ebd., 57–79.

[23] V. E. Frankl, Der unbewusste Gott. Psychotherapie und Religion, München [9]2009.

[24] Ch. Zimmermann/E. Möde, Spiritualität des Betens. Empirische Gebetsforschung, Berlin 2011, 14.

ten (C. G. Jung, K. Wilber, V. E. Frankl, J. Lacan, H. Lang u. a.), die vermittels „transpersonaler“ bzw. „strukturanalytischer“ Ansätze *neue methodische Zugänge* zur *transreligiösen Spiritualität* eröffnen. Das von B. Spilka u. a. etablierte Kategorien- und Definitionsraster für Spiritualität ist erweiterungsbedürftig, obwohl es den common sense gängiger Religionswissenschaft und Spiritualitätstheologie widerspiegelt[25].

Die hiermit vollzogene, methodische Hinführung zum Begriff der „Spiritualität“ erweist folgende *Konstanten:* „Spiritualität“ *ohne* Bezug zum Transzendent-Absoluten wäre ein Scheinbegriff, ein „fage“, ohne proprium und definabler Eigenidentität. Der für eine hinreichende Begriffsbildung notwendig konstitutive Erlebnis-, Handlungs- und Reflexionsbezug des Subjekts (Einzelsubjekt, Gemeinschaft) zum Absoluten darf weder theistisch noch religiös enggeführt werden: Der personal-monotheistisch ausgerichteten Spiritualität der drei „Abrahamitischen Religionen“ (Judentum, Christentum und Islam) stehen die polytheistischen Natur- und Stammesreligionen sowie die apersonal a-theistischen Spiritualitäten Ostasiens gegenüber.

Religiöse Spiritualität kann sowohl (mono-, poly-)theistisch auf Theos (Theoi) gerichtet als auch a-theistisch auf das Theion (universeller Logos, Sinn) bezogen sein. Religiöse Spiritualität unterliegt einer fortwährenden „Dialektik der Hierophanie“ (M. Eliade), die durch postmodernen Globalisierungs„Druck“ konfliktiv gesteigert wird. Damit „transreligiöse Spiritualität“ nicht als „humanistische Spiritualität“ in ihre innerweltlich-gesellschaftlichen Ermöglichungsbedingungen zurückfällt, bedarf es der Wahrung des Bezuges zum Transzendent-Absoluten. Dass das „Absolute“ *nicht* zwingend religiös zu verstehen ist, um so möglicher Utopisierung zu entgehen, erweist sich an den „transpersonalen“, „daseins- und strukturanalytischen“ Psychologien/Psychotherapien. Sie vermitteln *alternativ* zur religiösen Spiritualität Zugänge zum universellen, transpersonalen Logos, also zu einem *responsiven Sinngeschehen im Resonanzraum des Existenziellen und Absoluten.*

Europa braucht Spiritualität: Sicherlich eine solche, die sich einerseits der fundamentalistischen Fixierung entzieht, ohne dafür andererseits den Preis der Beliebigkeit zu entrichten. Also eine post-

---

[25] Vgl. K. Waaijman, Theoretical approaches in spirituality, in: Towards a Theory of Spirituality (s. Anm. 20), 123–141.

moderne „weiträumige" Spiritualität für das „weite Land" Europa. Eine Spiritualität, die *im humanen Bezug zum Absoluten integrativ* wirkt, weil sie sich weder von der „Dialektik der Aufklärung" (M. Horkheimer, Th. W. Adorno) noch von der „Dialektik der Hierophanie" (M. Eliade) konfliktiv vereinnahmen lässt.

I.
Christliches Spiritualitätsverständnis in Anwendung auf aktuelle Lebenswirklichkeiten und (ethische) Handlungsfelder

Gott und der Welt zugewandt

Überlegungen zu einer Spiritualität für Europa

Reinhard Kardinal Marx

Auf dem Weg von meiner Wohnung zum Englischen Garten durchquere ich den wunderschönen barocken Münchner Hofgarten. Dort, zwischen Studenten auf dem Weg zur Vorlesung, Ruhe suchenden Rentnern, zu Sitzungen eilenden Beamten der bayerischen Staatsregierung und staunenden Touristen aller Herren Länder, sollen die nachfolgenden Überlegungen zur Frage nach einer Frömmigkeit für Europa im 21. Jahrhundert ihren Anfang nehmen. Genauer gesagt bei einem Zitat aus einem der berühmtesten Gedichte des 20. Jahrhunderts. Gleich in den Anfangszeilen des monumentalen Werkes heißt es:

> „Und schritten weiter im Sonnenlicht in den Hofgarten,
> Tranken Kaffee und plauderten eine Stunde.“[1]

Der Titel des Gedichts ist „Das wüste Land“ oder im englischen Original „The Waste Land“. Es wurde 1921/22 von Thomas Stearns Eliot geschrieben. Später sollte der Verfasser dafür und für sein lyrisches Gesamtwerk mit dem Literaturnobelpreis ausgezeichnet werden. Unter dem Schock des Ersten Weltkriegs und persönlich durch einen Nervenzusammenbruch belastet beschrieb T. S. Eliot in „The Waste Land“ in vielschichtiger Weise seine Vision des Niedergangs der westlichen Zivilisation. Das komplexe Werk enthält unzählige poetische und religiöse Anspielungen geschichtlicher Natur ebenso wie Beobachtungen einer seelenlosen Gegenwart. Die geographischen Verweise des Werkes sind neben München vor allem in London angesiedelt, der Stadt, die zu Beginn der zwanziger Jahre noch den Mittelpunkt des schon bröckelnden britischen Empires markierte und damit in gewisser Weise auch eine schon zweifelhaft gewordene Vorrangstellung Europas in der Welt.

---

[1] T. S. Eliot, Das wüste Land. Englisch und Deutsch, Frankfurt a. M. 1957, 7.

Durchweg in Englisch verfasst, finden sich im Text daneben einzelne Verse in Deutsch, Französisch, Italienisch und sogar in Sanskrit. Mit einem Zitat aus den Upanishaden endet das Gedicht dann auch und öffnet einen noch fragenden, unsicheren und unbestimmten Blick auf Religion und Frömmigkeit:

„Datta. Dayadhvam. Damyata.
Shantih shantih shantih."[2]
(Schenken. Erbarmen. Ruhig werden.
Dann wird umfassender Friede sein.)

Der noch tastende Blick ins Transzendente in „Das wüste Land" wird bei Eliot dann 1927 mit seiner Taufe in die anglikanische Kirche entschieden christlich. „Aschermittwoch", sein erstes Langgedicht nach diesem Einschnitt ist wiederum voller Verweise und Zitate, dieses Mal hingegen mit Vorliebe aus der christlichen Liturgie.[3] Es endet mit einer Bitte an die „gesegnete Schwester, Heilige Mutter, Geist der Quelle, Geist des Gartens".[4] Diese Bitte ist für mich der Kern (christlicher) Spiritualität und Frömmigkeit des 21. Jahrhunderts. Sie lautet:

„Teach us to care and not to care."[5]

Lehre uns Sorgen und Nicht-Sorgen. Auf die Frage, welche Frömmigkeit Europa im 21. Jahrhundert braucht, möchte ich deshalb mit dieser Kurzformel aus der Feder eines amerikanischstämmigen Dichters aus der Zwischenkriegszeit der ersten Hälfte des zwanzigsten Jahrhunderts antworten. Das Gerüst meiner Antwort besteht dementsprechend aus den drei Teilen dieser Formel. Was dabei aus Gründen der Darstellung getrennt und nacheinander betrachtet wird, steht in der Lebenswelt der Gläubigen selbstverständlich gleichzeitig und nebeneinander; sie gehören zusammen.

---

[2] Ebd., 42.
[3] T. S. Eliot, Ausgewählte Gedichte. Englisch und Deutsch, Frankfurt a. M. 1951, 62–81.
[4] Ebd., 81.
[5] Ebd.

1. Teach us – Hinwendung zu Gott als Schöpfer und Vater

Alles kommt zuerst von Gott her. Die Bereitschaft, sich Gott als dem Schöpfer aller Dinge vorbehaltlos zuzuwenden und ihn in der Nachfolge Jesu in aller Einfachheit schlicht als Vater anzusprechen, bleibt unwiderruflich der Ausgangspunkt jeder christlichen Frömmigkeit. Das wird auch für das Europa des 21. Jahrhunderts nicht anders sein. An die Hinwendung zu Gott und seine Anerkennung in der Geste der Kniebeuge (Phil 2,10) unmittelbar geknüpft ist die Bitte, die der Einsicht entspringt, dass alles ohne ihn nichts und vergebens ist. *Teach us* („Lehre uns") – bittet T. S. Eliot und stellt sich damit in die Tradition der ersten Jünger, die vor allem anderen fragten: „Herr, lehre uns, wie wir beten sollen" (Lk 11,1). Und die Erfahrung der Liebe Gottes kann nie an das Erbringen religiöser Leistungen geknüpft werden.

Wir können und sollen uns öffnen für die Erfahrung der Liebe Gottes und die Eingebung des Heiligen Geistes durch die regelmäßige Einübung von Gebeten, Liedern, Gesten und gottesdienstlichen Feiern. Die Feststellung, dass das heute nicht überall in Europa in gleicher Weise gelebt wird, darf beim Nachdenken über eine Frömmigkeit für Europa indessen nicht fehlen. Papst Franziskus hat jedenfalls in seiner ersten Ansprache an das diplomatische Korps von der geistlichen Armut gesprochen,[6] von der besonders die sogenannten reichen Länder betroffen seien. Diese *geistliche Armut* äußert sich nicht zuletzt in einer manchmal bedrückenden religiösen Sprach- und Ausdruckslosigkeit. Es fehlen Worte, um Glück und Trauer mitzuteilen und vor Gott zu tragen. Der große Gebetsschatz der Psalmen

---

[6] Vgl. Papst Franziskus, Audienz für das am Heiligen Stuhl akkreditierte diplomatische Korps, 22.3.2013, zitiert nach http://www.vatican.va/holy_father/francesco/speeches/2013/march/documents/papa-francesco_20130322_corpo-diplomatico_ge.html (Zugriff 30.6.2013): „Nach dem Beispiel des heiligen Franziskus von Assisi hat die Kirche immer versucht, sich in jedem Winkel der Erde um die Notleidenden zu kümmern, sie zu behüten, und ich denke, dass Sie in vielen Ihrer Länder das großherzige Wirken jener Christen feststellen können, die sich engagieren, um den Kranken, den Waisen, den Obdachlosen und allen Ausgegrenzten zu helfen, und die so daran arbeiten, menschlichere und gerechtere Gesellschaften aufzubauen. Doch es gibt auch noch eine andere Armut! Es ist die geistliche Armut unserer Tage, die ganz ernstlich auch die Länder betrifft, die als die reichsten gelten."

verdorrt, weil er von immer weniger Menschen aufgesucht wird. Die Heilige Schrift steht zwar in vielen Buchregalen, aber nicht unbedingt in den Herzen der Menschen. Manche Menschen haben die Fähigkeit zum Beten ganz verloren oder nie ausgebildet.

Sodann sei darauf hingewiesen, dass die Bitte „Lehre uns" nicht die Bitte eines Einzelnen ist, sondern dass sie in der *Gemeinschaft* ausgesprochen wird. Diese Feststellung ist von besonderer Bedeutung bei der Suche nach einer Frömmigkeit für Europa. Die vielen Sprachen sind immer wieder ein Hindernis beim Versuch, gemeinsam ins Gebet zu finden. Im zusammenwachsenden Europa der Europäischen Union, in der staatenähnlichen Gemeinschaft der Eurozone wäre es nach meinem Empfinden deshalb an der Zeit, einen kleinen europäischen Gebets- und Liederkanon zusammenzustellen, der nicht nur in der eigenen Sprache bekannt ist, sondern zumindest auch im Latein des 21. Jahrhunderts, also auf Englisch. Wenn möglich, sollte ein solches Vorhaben in ökumenischer Zusammenarbeit angegangen werden. Zu den Gebeten könnten neben dem Kreuzzeichen, dem Vaterunser, dem Ave Maria, dem Credo und dem Ehre sei dem Vater das Magnifikat, das Benedictus, das Nunc Dimittis, der neutestamentliche Hymnus aus dem Philipperbrief, einige Psalmen und Tischgebete gehören. Was das gemeinsame Singen betrifft, können die Taizé-Gesänge sicher als Grundstock gelten, aber in einer Art kondensiertem Gotteslob für Europa sollte auch Platz für einige gregorianische Gesänge sein.

Das soziale Wesen der Liturgie kommt in besonderer Weise in der Eucharistiefeier zum Ausdruck. „Höhe- und gewissermaßen Mittelpunkt der christlichen Religion ist das Geheimnis der heiligsten Eucharistie".[7] Papst Pius XII. hat mit diesen Worten in der Enzyklika *Mediator Dei* (1947) die Bedeutung des Sakraments der Eucharistie für die christliche Religion beschrieben. Die Väter des Zweiten Vatikanischen Konzils haben auf diese Aussage zurückgegriffen als sie in der dogmatischen Konstitution *Lumen Gentium* (1964) über die Kirche feststellten, das „eucharistische Opfer" sei „Quelle und Höhepunkt des ganzen christlichen Lebens"[8]. Die in der Mahlgemein-

---

[7] Pius XII., Enzyklika *Mediator Dei et Hominum.* Über die Heilige Liturgie, Nr. 265, Lateinisch in: AAS 39 (1947), 521–595.

[8] *Lumen Gentium.* Dogmatische Konstitution über die Kirche, Nr. 11, in: K. Rahner/ H. Vorgrimler, Kleines Konzilskompendium, Freiburg i. Br. [35]2008, 123–200, 135.

schaft erfahrene Liebe genügt sich indessen nicht selbst. Sie trägt eine Sendung zum Nächsten in sich. Papst Benedikt XVI. geht in seiner Enzyklika *Deus Caritas est* darauf ein:

> „Die Eucharistie zieht uns in den Hingabeakt Jesu hinein. [...] Aus dem Gegenüber zu Gott wird durch die Gemeinschaft mit der Hingabe Jesu Gemeinschaft mit seinem Leib und Blut, wird Vereinigung: Die ‚Mystik' des Sakraments, die auf dem Abstieg Gottes zu uns beruht, reicht weiter und führt höher hinaus, als jede mystische Aufstiegsbewegung des Menschen reichen könnte."[9]

Die Eucharistie ist also kein selbstgenügsamer Kult, sondern die Sendung zum Nächsten kommt immer hinzu. Jesus bricht das Brot nicht nur, sondern er teilt es auch aus. Jesus segnet nicht nur das Brot und verwandelt es, sondern wir dürfen getrost sagen, dass sein Segen sich auch auf das Teilen erstreckt und das Teilen des Brotes die eigene Selbsthingabe vorwegnimmt. Kult und Caritas gehören zusammen.

Diesen ersten Abschnitt abschließend sei festgehalten: Dank und Lob, Bitte und Klage des Betenden stehen immer im Horizont von „Freude und Hoffnung, Trauer und Angst der Menschen unserer Zeit"[10]. Der Christ darf auch im Europa des 21. Jahrhunderts kein Einzelgänger sein. Sein Gebet kommt in der Gemeinschaft zur vollen Entfaltung und die Suche nach neuen Formen des gemeinsamen Gebets ist ein Desiderat, das sich aus der Erfahrung des zusammenwachsenden Europa ergibt. Das gemeinschaftliche Gebet wiederum findet in der Eucharistiefeier seinen Mittelpunkt und die mystische Erfahrung der Selbsthingabe im Opfermahl befähigt die Christen zur solidarischen Weltverantwortung. Welche Perspektiven sich dafür im Europa unserer Tage auftun, soll im folgenden zweiten Teil angedacht werden.

---

[9] Benedikt XVI., Enzyklika *Deus Caritas est,* Nr. 13, in: Verlautbarungen des Apostolischen Stuhls 171, Bonn 2005.

[10] *Gaudium et Spes.* Pastorale Konstitution über die Kirche in der Welt von heute, Nr. 1, in: Rahner/Vorgrimler, Konzilskompendium (s. Anm. 8), 449–552, 449.

2. Teach us to Care – solidarisch und sorgend der Welt zugewandt

Lehre uns, solidarisch zu sein. Eine nur Gott anbetende und von den Menschen abgewandte Frömmigkeit kann es christlich nicht geben. Zur Feier des Bundes mit Gott im Gottesdienst gehört untrennbar seine *Besiegelung im solidarischen Dienst* an den Nächsten und denen, die besonders hilfsbedürftig sind. Auch für das Europa des 21. Jahrhunderts gilt, dass die Frommen an ihrem solidarischen Dienst erkennbar sind, und zwar sowohl in der konkreten Hinwendung zu den Armen und Hilfe Suchenden als auch in der Mitwirkung bei der Suche nach Strukturen des Rechts und der Gerechtigkeit.

Sich der Welt zuwenden muss im ersten Schritt immer die Hinwendung zum Nächsten sein. Die eigene Glaubwürdigkeit, die innere Kohärenz eines frommen Lebens kommt nicht daran vorbei, den Schritt auf den Anderen, der in Not ist, zuzugehen, und nicht die Straßenseite zu wechseln. Europa durchlebt am Beginn des 21. Jahrhunderts eine nachdrückliche moralische Krise, die sich auf Familienleben, Nachbarschaften und Vereine, Dörfer und Städte gleichermaßen folgenreich auswirkt und die unser Gemeinwesen insgesamt – also sowohl auf der regionalen als auch auf der nationalen und auf der europäischen Ebene – vor große Herausforderungen stellt. Dafür können viele Gründe angeführt werden, aber ganz oben rangiert zweifellos der Mangel an gelingender Kommunikation. Christliche Frömmigkeit wird sich deshalb heute als eine nicht nur auf Gott Hörende, sondern auch den Menschen Zuhörende erweisen müssen. Im geschäftigen, rastlosen Kommen und Gehen den Mut und die Kraft finden, sich zu setzen, ruhig zu werden, mehr zuzuhören als zu reden – das müsste ein wichtiges Kennzeichen geistlichen Lebens für unsere Zeit werden. Besonders jene, die am Wegrand zurückgelassen zu werden drohen, sind anzuhören als sprächen Propheten und Weise zu uns. Dafür muss die Kirche nach neuen Wegen suchen, um eine Kirche im Gespräch zu sein. Ein Beispiel dafür ist eine interessante Initiative in Frankreich: Dort fand – gefördert von den Bischöfen – im Mai 2013 der Kongress Diakonia 2013 statt.[11] Unter den etwa 10.000 Teilnehmern waren mehrere tausend Menschen, die von sozialer Ausgrenzung betroffen sind. Der Austausch

---

[11] Nähere Informationen finden sich unter: http://diaconia2013.fr (Zugriff 30.6.2013).

über soziale Notlagen und über Auswege aus sozialen Notlagen stand dabei im Mittelpunkt. Bei dieser Initiative, wie schon einige Jahre zuvor bei den französischen Sozialwochen, hat das Gespräch den Vorrang. Solidarisch sein, sich sorgen, *to care* beginnt im Dialog von Angesicht zu Angesicht. Erst dann folgt Schriftliches, folgen Briefe, Stellungnahmen und Vorschläge. Sollten Bischofskonferenzen, kirchliche Verbände und Bewegungen sich daran nicht ein Beispiel nehmen? Auch in Deutschland fand 2012 im Rahmen des Gesprächsprozesses der Deutschen Bischofskonferenz eine Tagung zur Diakonie statt, an der viele haupt- und ehrenamtliche Verantwortliche und Multiplikatoren teilnahmen.[12] Ich will durchaus selbstkritisch anmerken, dass wir auch hier über Diakonie und Caritas gesprochen haben, über die Armen, Schwachen und Hilfsbedürftigen, aber nicht mit ihnen. Es ist ein guter Hinweis, darauf zu achten. Erklärungen und Verlautbarungen sind nur nachgeordnet und auf konkreten Begegnungen und Erfahrungen ruhend glaubwürdige Beiträge zu gesellschaftlichen Debatten. Sie gehören zwar aus meiner Sicht auch im 21. Jahrhundert zu einem gelingenden geistlichen Leben, weil Gottesliebe bruchlos in Weltverantwortung mündet, aber wir müssen uns heute als katholische Glaubensgemeinschaft viel stärker als dialogische und weniger als deklamatorische Kirche definieren. So verstehe ich auch die Botschaft unseres Heiligen Vaters Franziskus, wie er sie bereits vor seiner Wahl in seiner Rede in der Generalkongregation formuliert hat. Es kann nicht darum gehen, die Armen gleichsam zu instrumentalisieren, indem wir von oben herab über Armut reden, sondern in face-to-face-Beziehungen können sie Lehrmeister unserer Frömmigkeit werden, die so handelt, wie sie spricht.

Die Prinzipien der Katholischen Soziallehre sind – für sich genommen – noch keine gesellschaftspolitischen Rezepturen, sondern sie können nur dazu dienen, gesammeltes Erfahrungswissen lösungsorientiert zu interpretieren. Letzteres gehört indessen eindeutig zu einem umfassenden Verständnis von Frömmigkeit, denn es geht ja darum, die Optionen des Evangeliums in der jeweiligen gesellschaftlichen Situation zur Geltung zu bringen. Die Kirche sollte sich deshalb nicht der Aufgabe entziehen, sich mit den Strukturen

---

[12] Weitere Informationen finden sich unter: http://www.dbk.de/themen/gespraechsprozess (Zugriff 30.6.2013).

einer Gesellschaft auseinanderzusetzen und nach deren gerechter Ordnung zu fragen. Soziale Ungleichheit und Chancenungerechtigkeit müssen fürsprechend für jene, die oft keine Stimme mehr haben oder sie nicht mehr nutzen können, benannt und ausgelegt werden. Die Referenz dafür ist die Katholische Soziallehre:

> „Die christliche Liebe drängt uns dazu, Missstände anzuprangern, Vorschläge zu unterbreiten und uns zu engagieren für eine kulturelle und soziale Entwicklung, sie drängt uns zu einer effektiven Tatkraft, die alle, denen das Schicksal des Menschen aufrichtig am Herzen liegt, dazu ansporne, einen eigenen Beitrag zu leisten."[13]

Das Gemeinsame Wort des Rates der Evangelischen Kirche in Deutschland und der Deutschen Bischofskonferenz von 1997 „Für eine Zukunft in Solidarität und Gerechtigkeit" hat festgehalten, dass Verkündigung und Praxis der Kirche weder in ihrer Botschaft noch im eigenen Handeln auseinander fallen dürfen, denn „ein weltloses Heil könnte nur eine heillose Welt zur Folge haben".[14] Die Methode müsste sein, von unten her aufs Ganze zu schauen.

Bezogen auf Europa und die heute im Vordergrund stehende europäische Einigung verlangt diese Grundhaltung nach einem Engagement auf zwei zentralen Feldern:

– Das Europa des 21. Jahrhunderts ist auf dem Weg, sich auf der Grundlage des gemeinsamen Marktes, der mit den Römischen Verträgen von 1957 erstmals formuliert wurde, zu einer Sozialen Marktwirtschaft zu entwickeln, die auch ökologisch nachhaltig ist. Der Begriff einer „im hohen Maße wettbewerbsfähigen, sozialen Marktwirtschaft" findet sich seit dem Inkrafttreten des Lissabonner Vertrags im europäischen Primärrecht und bedarf heute dringend weiterer Entfaltung.[15] Die Staaten der Europäischen Union haben alle ein ausgeprägtes System sozialen Schutzes. Es

[13] Päpstlicher Rat für Gerechtigkeit und Frieden, Kompendium der Soziallehre der Kirche, Freiburg i. Br. 2006, Nr. 6.

[14] Rat der Evangelischen Kirche in Deutschland / Deutsche Bischofskonferenz, Für eine Zukunft in Solidarität und Gerechtigkeit. Wort zur wirtschaftlichen und sozialen Lage in Deutschland (Gemeinsame Texte 9), Hannover/Bonn 1997, Nr. 101.

[15] Vgl. dazu ausführlich: Kommission der Bischofskonferenzen der Europäischen Gemeinschaft (ComECE), Eine europäische Solidaritäts- und Verantwortungs-

ist zwar nicht überall gleichermaßen gut ausgestattet und ausgestaltet, aber dessen grundsätzliche Bewahrung bei aller berechtigten und notwendigen Anpassung an sich wandelnde demographische und ökonomische Voraussetzungen sollte nicht in Frage gestellt werden, schließlich sorgt es für solidarischen Ausgleich und stiftet sozialen Frieden. In einer gemeinsamen Marktwirtschaft muss mittelfristig auch das Bestreben erkennbar sein, allerorten vergleichbare soziale Ansprüche und Leistungen zu garantieren. Darum geht es beim Aufbau einer europäischen Sozialen Marktwirtschaft, die ja letztlich weitgehend vom christlichen Menschenbild und der Katholischen Soziallehre inspiriert ist.[16] Angesichts der wachsenden Verflechtungen der Weltwirtschaft und des rasanten Aufbruchs der Volkswirtschaften in anderen Erdteilen steht die Europäische Union heute indessen vor der großen Herausforderung, in allen Mitgliedstaaten die Fähigkeit ihrer Wirtschaftsunternehmen so zu stärken, dass sie im weltweiten Wettbewerb mit Unternehmen anderer Breiten konkurrieren und kooperieren können. Nur dann werden sie ausreichend Arbeitsplätze bereitstellen und ausreichend Erträge zur Finanzierung sozialer Sicherungssysteme erwirtschaften können. Diese für die Zukunft Europas zentrale Frage ist nicht entschieden, sondern kontingent. Die gemeinsame, überstaatliche Wahrnehmung der Macht zu bestimmen, wer wann und wo welche Güter und Dienstleistungen anbieten und nachfragen kann, ist heute im Weltmaßstab ein entscheidend unterscheidendes Kennzeichen des europäischen Gemeinwesens. Ob und wie es den Regierungen und Parlamenten in der Europäischen Union gelingt, den Umbau des gemeinsamen europäischen Marktes zu einer *europäischen Sozialen Marktwirtschaft* zu vollenden, in der Wirtschaftlichkeit und soziale Gerechtigkeit und ökologische Nachhaltigkeit im Ausgleich sind, ist aber zugleich auch eine Kernfrage für das europäische Gemeinwesen. Eine Spiritualität und Frömmigkeit für Europa im 21. Jahrhundert, die diese soziale Frage nicht kennt, ist verkürzt.

---

gemeinschaft. Erklärung der Bischöfe der ComECE zum EU-Vertragsziel der wettbewerbsfähigen sozialen Marktwirtschaft, Brüssel 2011.

[16] Vgl. dazu meine Überlegungen in: R. Marx, Das Kapital. Ein Plädoyer für den Menschen, München 2008, bes. 65–96, 257–303.

– Die Währungsunion ist das zweite entscheidend unterscheidende Kennzeichen des europäischen Gemeinwesens. Die Krise der Eurozone, die sich seit dem Beginn des zweiten Jahrzehnts dieses Jahrhunderts entfaltet, beruht auf falschen Weichenstellungen aus dem letzten Jahrzehnt des 20. Jahrhunderts. Die Annahme der Verfasser des Maastrichter Vertrages, die Versuchungen und Zwänge einer gemeinsamen Geldpolitik mit einem gemeinsamen Leitzinssatz innerhalb eines konjunkturell und strukturell doch sehr unterschiedlichen Währungsraumes durch das gegenseitige Versprechen verlässlichen Handelns bewältigen zu können, hat sich als Trugschluss herausgestellt. Eine Währungsunion ohne eine korrespondierende Form der politischen Union riskiert auf die Dauer auseinander zu brechen, ein europäischer Währungsbund ohne den politischen Bund der daran beteiligten Nationen ist nicht nachhaltig. Seit 2010 haben sich die beteiligten Länder der Eurozone daran gemacht, dieses Manko zu beheben. Hinter den – vielen Bürgern geläufigen, aber nicht voll verstandenen – Begriffen wie erneuerter Stabilitäts- und Wachstumspakt, Fiskalpakt, Bankenunion usw. verbergen sich bemerkenswerte *Schritte zu einer politischen Union in Europa* mit weitgehenden Befugnissen einer zentralen Gewalt. Das ist konsequent, aber es fehlt eine umfassende, effektive und legitime demokratische Kontrolle dieser noch diffusen zentralen Gewalt im Herzen Europas. Es wäre ein Trugschluss, eine falsch verstandene kapitalistische Orientierung absolut zu setzen, um Europa zusammen zu führen. Das Geld allein wird Europa nicht einen, weder als gemeinsame Währung noch als Solidaritätszahlung. Worauf es deshalb in den vor uns liegenden Jahren fast ebenso ankommt wie auf den gesamteuropäischen Aufbau einer Sozialen Marktwirtschaft, ist „die Entwicklung von rechtlichen und politischen Strukturen, die ohne jede Diskriminierung allen Staatsbürgern immer mehr die tatsächliche Möglichkeit gibt, frei und aktiv teilzuhaben an der rechtlichen Grundlegung ihrer politischen Gemeinschaft, an der Leitung des politischen Geschehens, an der Festlegung des Betätigungsbereichs und des Zwecks der verschiedenen Institutionen und an der Wahl der Regierenden“[17]. Eine Spiritualität und Fröm-

---

[17] *Gaudium et Spes*, Nr. 75, in: Rahner/Vorgimler, Konzilskompendium (s. Anm. 8), 449–552, 532.

migkeit für Europa im 21. Jahrhundert, die diese politische Frage nicht kennt, ist deshalb ebenfalls verkürzt.

Die beiden großen Fragen Europas – die soziale und die politische – heute zu ignorieren, wäre für Christen und die Kirchen ein fatal frömmelnder Rückzug in den eigenen Binnenraum. Zu behaupten, auf diese beiden Fragen selbst kompetent und umfassend antworten zu können, würde bedeuten der Versuchung einer Politisierung des Christlichen zu erliegen. Bei Gott und solidarisch bei den Menschen zu sein, sich sorgen, *to care*, heißt allerdings im Gedächtnis zu behalten, dass „die Umgestaltung ganz Europas nach dem nationalstaatlichen Prinzip, das sich freilich bei näherem Zusehen als äußerlich undurchführbar und von innen her ungenügend erwies, um Fundament einer neuen Friedensordnung zu werden."[18]. Christen in Europa sollten sich der beiden genannten großen Fragen bewusst sein, damit die europäische Einigung nach den Schrecken der Weltkriege ein „Beitrag für eine bessere Welt" (Jean Monnet) werden kann. Europa ist nicht dazu da, sich selbst zu genügen, das gleiche gilt für die Kirche in Europa. Mystik und Politik, Spiritualität und Weltverantwortung gehören zusammen. Weder ist Mystik eine Weltflucht, noch ist politisches Handeln eine Glaubensflucht. Die Botschaft des Evangeliums macht hellwach für die Not des Nächsten und für Ungerechtigkeit und Unfrieden. Das politische und das diakonische Handeln von Christen gewinnt erst dann Tiefenwirkung, wenn es sich aus der Quelle echten Glaubens speist. Um diese *Bezogenheit von Spiritualität und Weltverantwortung* zu erkennen, hilft die Vergewisserung über das biblische Fundament. Denn die Bibel verkündigt einen Gott, der sich ganz auf die Welt einlässt und sie gemeinsam mit seinen Geschöpfen gestalten will.

3. Teach us not to care – Nicht sich selbst gemäß, sondern Gott gemäß leben

Lehre uns, uns nicht um uns selbst zu sorgen. *Not to care* – diesen Versfuß nicht nur aufzuschreiben, sondern auch zu leben und zu verinnerlichen dürfte für den weit gereisten, kosmopolitischen und

---

[18] J. Ratzinger, Wendezeit für Europa. Diagnosen und Prognosen zur Lage von Kirche und Welt, Einsiedeln/Freiburg i. Br. 1991, 7.

hoch gebildeten Amerikaner T. S. Eliot der mit Abstand schwierigste Teil seines versförmigen Lebensprogramms in drei Teilen sein, der uns auf der Suche nach einer Frömmigkeit für das 21. Jahrhundert leitet. Eine *Faszination für das Transzendente,* wie sie im *Teach us* aufscheint, ist bei menschlichen Genies in allen Epochen der Menschheitsgeschichte anzutreffen, und aus der Sicht des Gläubigen ja auch nicht weiter überraschend. Gleiches gilt für die unstillbare Neugierde großer Begabungen und die Sorge um die kleinsten Details. Es ist der Beginn des sich um die anderen Sorgens, *to care.* Weitaus schwieriger und Gegenstand eines unaufhörlichen Neuanfangs ist die Unbefangenheit und Gleichgültigkeit gegenüber den Abzeichen weltlicher Wertschätzung, gegenüber Geld, Macht und gesellschaftlicher und besonders medialer Anerkennung. Sich dagegen zu immunisieren und sich dann buchstäblich in die Nachfolge von Jesus Christus zu begeben ist im nachchristlichen Zeitalter nur wenigen Menschen geschenkt worden. Zu ihnen gehört sicherlich der heilige Franziskus von Assisi. Dass unser neuer Papst sich nach diesem Heiligen benannt hat und er selbst seinen Dienst als „Diener der Diener“ in großer Einfachheit und Bescheidenheit begonnen hat, ist deshalb nicht nur ein Signal der Umkehr an die Katholiken, sondern an die ganze Welt, die heute vielfach von einer Maßlosigkeit des Profitstrebens und der Karrieresucht der globalen Eliten geprägt ist. Benedikt XVI. hat mit seinem freiwilligen Rückzug vom Papstamt und auf seine Weise eine gleich lautende Botschaft an die Kirche und an die Welt gesandt.

Für eine Frömmigkeit für das Europa des 21. Jahrhundert ist das *Not to care* von Eliot deshalb das Siegel. Es verleiht dem unzertrennlichen Paar von Gottesliebe und Weltverantwortung, von Gebet und Nächstenliebe Gültigkeit. Ohne dieses Siegel fehlt den Frommen Überzeugungskraft und Ausstrahlung. Das gemeinsame Singen geistlicher Lieder in verschiedenen europäischen Sprachen mag gekonnt und harmonisch stimmig sein, aber solange die Singenden sich in der Grundausrichtung ihres Lebens, ihrer Bewertung von Reichtum und Einfluss nicht von ihren Zeitgenossen unterscheiden, bleibt ein Missklang im Chor. Auch im anderen Fall gilt entsprechend, dass das Zugehen auf die in Europa Benachteiligten und die glaubwürdige Vermittlung der gegenwärtigen sozialen und politischen Frage der europäischen Einigung durch engagierte Christen nicht nur eine Sache des Almosens oder – im zweiten Fall – der klugen und widerspruchsfreien Entfaltung von Argumenten ist. Das ist zwar notwendig, aber es reicht nicht aus, solange dieser Einsatz nicht selbstlos, uneigennützig und demütig ist. Damit ist nun ein sehr hoher Anspruch formuliert, den vollständig einzulösen, wie gesagt, nur ganz Wenigen gegeben ist. Sich auf diese Haltung hinzubewegen ist für den Glaubenden dennoch unverzichtbar.

Ein längeres Zitat von Romano Guardini soll das abschließend unterstreichen:

> „Das Leben des Glaubens bedeutet den Umbau des Wirklichkeitsbewusstseins. Für unser weltverfangenes Empfinden [...] ist der Körper wirklicher als die Seele; die Elektrizität wirklicher als ein Gedanke; die Macht wirklicher als die Liebe, der Nutzen wirklicher als die Wahrheit – alles zusammen aber, ‚die Welt', ohne allen Vergleich wirklicher als Gott. Wie schwer ist es, auch nur im Gebet Gott als wirklich zu empfinden! [...] Dann aber aufzustehen, unter die Menschen zu treten, den Geschäften des Tages nachzugehen, die Mächte der Umgebung und des öffentlichen Lebens zu fühlen – und noch zu sagen, Gott sei wirklicher, Christus sei stärker als alles das; aus reinem und unerzwungenem Bewusstsein heraus das zu sagen – wer vermag das? Das Leben im Glauben, ja die tägliche, mit Ernst vollbrachte Übung soll die Art umschaffen, wie wir die Wirklichkeit empfinden. Dahin umschaffen, dass wir als wirklich empfinden, was wirklich ist. [...] Diese Übung ist mühsam. Meist scheinen die Wasser nicht zu tragen, und das Wort Christi, welches sagt, sie trügen doch, hört sich an wie fromme Symbolik. Was damals Petrus geschah, offenbart, was im Alltag jeden Christenlebens geschieht. Denn wirklich: auf das Wort Christi hin für gering einzuschätzen, was von der Welt her groß erscheint, und für entscheidend, was sie gering nennt – das ist nicht leichter, als was Petrus getan hat!"[19]

Auf die Frage nach einer Frömmigkeit für Europa kann deshalb auch bald 85 Jahre nach dem Erscheinen dieser Zeilen letztlich nur in gleicher Weise pragmatisch geantwortet werden: Frommsein, spirituell leben ist Übungssache. Glaube ist der Eintritt in eine umfas-

---

[19] R. Guardini, Der Herr. Betrachtungen über die Person und das Leben Jesu Christi, Würzburg [17]1997, 234f.

send neue Lebenswirklichkeit, die alle Bereiche einschließt. Der Glaube bekennt: Wir sind nicht Gott! *Teach us to care and not to care …*

4. Schluss

Menschliche Tugend und Gottesfurcht gehören zusammen. Eine nur innerliche Frömmigkeit kann es im Geist des Evangeliums nicht geben. Innere Haltung und ausdrückliches Gebet müssen sich in der Liturgie entsprechen. Diese braucht eine Sprache. Im europäischen Kontext besteht heute die Herausforderung darin, nach einer einfachen, allen zugänglichen Art und Weise des Betens, auch der Liturgie zu suchen. Das im Gottesdienst zuerst Erfahrene droht indessen hohl zu werden, wenn es nicht in solidarische Parteinahme für die Schwachen und Anteilnahme an den großen Fragen des Gemeinwesens mündet. In Europa sind dies gegenwärtig die sozialen und politischen Fragen der europäischen Einigung. Gebet und die Übernahme von Weltverantwortung finden ihr Siegel in einer tief sitzenden Lebensorientierung, bei der Karriere und Profit als alleinige Glücksparameter ausgedient haben. Dem eigenen Leben dieses Siegel aufzudrücken, ist für die Menschen Europas zweifellos die größte Schwierigkeit bei der Suche nach einer zeitgemäßen und ihnen eigenen Frömmigkeit. Das wissen wir aus unserer eigenen geistlichen Erfahrung und Frömmigkeitspraxis.

Anbetung

Gedanken zu einer real existierenden Spiritualität

Hanna-Barbara Gerl-Falkovitz

Soll das Titelthema, dass Europa Spiritualität im 21. Jahrhundert brauche, in der Tiefe behandelt werden, setzt es nicht weniger als eine Analyse der zwei letzten europäischen Jahrhunderte voraus. Nicht zufällig ist das 20. Jahrhundert in zwei mörderische Ideologien entgleist, abgesehen von deren geschichtsmächtigem, immer noch wirksamem Export in andere Kontinente. Es scheint unzweifelhaft, dass beide, die rote und die braune Großideologie, ihren „Erfolg" einer pseudo-religiösen Aufladung ihrer Botschaft verdankten, das meint: einer Bindung religiöser Sehnsüchte an eine politische „Heilslehre", verkörpert in den „Großen Führern" aller Couleur.[1] Damit rücken diese *religiösen Sehnsüchte* als Schnittpunkt lebenstragender Energien in den Blick: Bestehen sie heute noch und wieder? Wo liegt die heutige Gefährdung, aber auch die Möglichkeit eines (Wieder-)Gewinns religiöser Kultur? Wohin ist die wirksame Kraft solcher Energien einzubinden, um nicht (wieder) fanatisiert zu werden?

Der Umfang dieser Seiten gestattet nur einige Blitzlichter auf dieses vielfältige Phänomen, ohne die europäische Moderne tiefer in den Blick zu nehmen. Ihre innere Folgerichtigkeit ist jedoch genügend analysiert worden; sie führte letztlich zu einem „Tod Gottes" in weiten Feldern der Kultur. Von dieser Diagnose ist zunächst auszugehen; unvermutet tut sich jedoch eine „junge" Spiritualität auf, der das eigentliche Augenmerk gilt.

---

[1] Vgl. H. Maier (Hg.), „Totalitarismus" und „Politische Religionen", 3 Bde., Paderborn 1996–2003.

1. Postmoderne Verlustanzeige: Abwesenheit Gottes

Die Religionskritik des 19. Jahrhunderts ergoss sich wie eine Säure über die verfassten Religionen, insbesondere das Christentum, und zeigt bis heute Wirkung – auch in den „neuen Atheismen“[2], die unbeschadet ihrer unbedarften Argumentation (gegen ein bewusst? allzu dürftig gezeichnetes „Gottesbild“) Oberwasser haben. Hinzukommt – ernsthafter – der künstlerische und intellektuelle Entwurf einer rein immanenten Welt, in welcher dem Menschen nur ein scheinbar unendlicher Selbstentwurf, allerdings konterkariert durch ein Verwinden der eigenen Endlichkeit übrig bleibt. So lautet der Befund: Ausblutung von Religion. „Es kann sein, dass uns nichts anderes mehr zur Verfügung steht als die Abwesenheit Gottes.“[3] George Steiner, der jüdische Literaturtheoretiker (*1929), fügt einige Jahre später hinzu:

> „Ein solcher Agnostizismus, gebrochen durch Impulse gequälten Gebets, gedankenloser Schreie zu Gott in Augenblicken des Schreckens und des Leidens, ist im post-darwinschen, post-nietzscheschen und post-freudschen Abendland allgegenwärtig. Ob bewusst oder nicht, der Agnostizismus ist die etablierte Kirche der Moderne.“[4]

Vor allem der *Selbst-Konstruktivismus* als eine denkerische Richtung der Postmoderne wird zum Symbol für Selbstverwahrung, Abschottung, endgültiges Zuhausesein in einem Dasein, das kein „Drüben“ und „Darüber“ mehr will, sondern sich selbst ins Virtuelle hochzieht und darin verliert[5] – wie im Turmbau von Babel.

> „Der Prozess der Zivilisation, unserer Art von Zivilisation, bedeutet, dass die Welt dichtgemacht wird. Ein Tor nach dem anderen, das bisher nach draußen führte, hinaus aus der Gesellschaft, der Geschichte, der Politik, der Rationalität, wird geschlossen. Zum sinnvollen Raum möglicher Negationen wird schließlich

---

[2] Symptomatisch: R. Dawkins, Der Gotteswahn, Berlin 2006.

[3] G. Steiner, Der Garten des Archimedes, München 1997, 65.

[4] G. Steiner, Errata. Bilanz eines Lebens, München 2002, 215f.

[5] Dazu gehört auch die angebliche Freiheit der Geschlechtswahl; vgl. H.-B. Gerl-Falkovitz, Frau – Männin – Menschin. Zwischen Feminismus und Gender, Kevelaer 2009.

> das vollkommene Rund der universalen Diskursgemeinschaft und ihrer Intersubjektivität. Das ist zugleich die Intersubjektivität der einander endlos bespiegelnden endlichen Träger von Interessen in einem fugenlosen Raum der Empirie. Die einst schwindelerregende Flucht der Vergangenheit über die Grenzen der Welt hinaus ist zur Museumsstraße verflacht und entschärft, der Mythos zur Moral eingeebnet und auf den handelsüblichen egoistischen Nenner gebracht. [...] Der Türsteher bei Kafka schließt am Ende das Tor, er ist ein Agent jener grausam geballten Machtsphäre, die dem Menschen einen Ausweg und eine Freiheit bloß vorspiegelt, um ihn um so besser in die Gefangenschaft der Welt bannen zu können."[6]

Die undurchdringlichen Gehäuse des Diesseits verführen dazu, Erlösung zur Selbstlösung zu verfälschen, die Apokalypse in den Terror des hier und heute Unbedingten und Endgültigen umzusetzen. Das Diesseits erwartet seine Kraft nicht mehr vom Jenseits.

2. Europa in der Vorhölle?

Kurz vor Ostern 2012 erschien ein schmales Buch, das die gegenwärtige Lage Europas einer Kulturkritik unterzieht. Auf französisch hieß es 2006 *Les limbes*[7]; Autor ist der französische Soziologe Luc Boltanski (*1940).

Die Vorhölle, der *Limbus patrum*, bildet nach altkirchlicher Überlieferung den Ort, wohin die Ungetauften gelangen – also weder Hölle noch Himmel noch Fegfeuer (der Ort der Reinigung). Es ist der sinnbildliche Ort des Wartens schlechthin, ohne dass deutlich bestimmt wäre, ob und wann dieses Warten ein Ende oder eine Ankunft kennt. Boltanski, Sohn osteuropäischer Juden, nimmt Vorhölle sinnbildlich als unendlichen Zwischenzustand, nicht dunkel, nicht hell. Und das Erregende daran: Er nimmt sie zur Kennzeichnung der europäischen Gegenwart:

---

[6] P. Strasser, Journal der letzten Dinge, Frankfurt a. M. 1998, 238.

[7] L. Boltanski, Die Vorhölle. Eine Kantate für mehrere Stimmen. Aus d. Französischen v. Jean Greisch. Mit einem theologischen Essay über Luc Boltanski hg. v. Rolf Schieder, Berlin 2011.

> „Denn gibt es einen Begriff, der besser als eben der Begriff der Vorhölle geeignet wäre, um mindestens in metaphorischer Sprechweise die geschichtliche Lage, die heute die unsrige ist, in diesem Landstrich, diesem unserem Europa, in dem wir leben müssen, zu kennzeichnen? Es ist gewiss keine Hölle, aber doch weit entfernt davon, ein Paradies zu sein. Unsere Stimmung ist nicht die der Sehnsucht, sondern eher die einer Vergessenheit."[8]

Vergessen ist der Sinn, also die Ausrichtung auf etwas oder jemanden, sagen wir ruhig auf den Löser, der aus dem Bann dieser anonymen Haft führen könnte. So beschreibt ein „Wanderer" die halb unwirtlichen, halb bürokratischen, jedenfalls nicht schmerzhaften Stätten des Aufenthalts, worin sinnlose Worte unsichtbarer Schatten, die „Stimmen" ertönen. Sie gehören weder Lebenden auf Erden noch Toten in der Unterwelt; sie streiten sich um das Recht, zuerst abgeholt zu werden, sie bestehen auf vermeintlichen kleinen Privilegien, sie sprechen vom Listenplatz, von der Gunst des Direktors – alles Belanglosigkeiten, die als abgerissene Satzfetzen durch den Raum schwirren, aber kein Gespräch einleiten, keine Logik erkennen lassen. Die Sorge um etwas, was nicht stattfindet, beherrscht den Raum. Während der Wanderer die Trostlosigkeit der Lage erkennt und am Ende beweint, ist das endlose Palaver der „Stimmen" um Nichtigkeiten nur nichtig: „Seien Sie so freundlich / Es mir zu erklären". „Ich habe Einspruch erhoben". „Ich habe mich beschwert"[9]. Überhaupt fallen viele juristische Floskeln. Nur der Wanderer erinnert sich an das verlorene Leben: „Im baufälligen Unterschlupf eines Bushäuschens / Habe ich mich zu Boden geworfen / Und meine Toten beweint / Die Lebenden auch, und die, die man vergisst"[10].

In seinem berühmten existentialistischen Theaterstück „Die Hölle" schrieb Sartre den markanten Satz: „Die Hölle sind die anderen." Bei Boltanski gibt es keine anderen in der Vorhölle, nur das erbärmliche Schatten-Selbst, das in sich eingesperrt erscheint. Jede Schatten-Stimme kreist um sich, um scheinbare winzige Vorteile, um angeblich verbriefte Rechte, aber es gibt keine Verbündung unter-

---

[8] Ebd., 67.

[9] Ebd., 26, 49, 16.

[10] Ebd., 57.

einander, keine Beziehung. Wer sollte schon die Wesenlosen aus ihrer Unwirklichkeit lösen?

Boltanski vollzieht mit diesem Stück eine beklemmende Sicht auf Europa. Die Stimmen geben die Stimmung des Kontinents wieder: weder dunkel noch hell, weder schrecklich noch schön. „Ich weiß, dass mein Erlöser lebt", kann auch in Konzerten immer noch gehört werden. Dass es aber die Wirklichkeit einer lebendigen Hoffnung ist, ist dem Flüstern der Stimmen nicht mehr zu entnehmen – ein wahrhaft vernichtendes Urteil, obwohl es gerade nicht schwarz malt. Aber das *Grau der Stimmung ist bedrängender als eindeutiges Schwarz.* Der „Anhang" des Autors endet mit den Worten: „Das Glück, das man uns versprochen hat, ist ausgeblieben. Wir leben in der namenlosen Äußerlichkeit der Melancholie. Gerade deshalb sollten wir uns der Vorhölle erinnern, um ihr besser widerstehen zu können."[11]

3. Mehrdeutige Wiederkehr der Religion

Boltanski gestaltet als *Kantate,* was sich trockener beschreiben lässt als heutige Lebenswelt. Ein kurzer durchschnittlicher *tour d'horizon* lautet:

Unabweisbar erscheint ein Transzendenzverlust angesichts einer säkularen Vernunft. Dies zeitigt mittelbar weitere Verluste auf anthropologischer Ebene, vielfach erst in Spätfolge[12]. Im Gegenzug gegen den Agnostizismus ist allerdings auch eine breite Suche nach „Spiritualität" zu verzeichnen; es ist jedoch zu vermuten, dass sie einen Pendelschlag kennzeichnet, keine Auseinandersetzung in der Tiefe oder gar eine Überwindung der Sinnleere. Unter Spiritualität sind dabei im weiten und vagen Sinn religiöse Grunderfahrungen zu verstehen, die zunächst ohne lehrmäßige „Fassung" und reflexive Klärung einem allgemein anthropologischen „Bedürfnis" nach Sinn entsprechen. Jedenfalls strömt seit Jahren in die europäisch-kulturelle Leere eine selbst nicht mehr kultivierte Religiosität ein: Weithin hat sie die Anbindung an die erprobten Formen des Kultus und der Frömmigkeit verloren oder nur eingeschrumpft behalten. In ebenso

---

[11] Ebd., 67.

[12] Vgl. J. Ross, Die Verteidigung des Menschen. Warum Gott gebraucht wird, Berlin 2012.

rührender wie erschreckender Weise werden abergläubische Praktiken, esoterisches „geheimes Wissen“[13] und Naturfrömmigkeit vermischt – „Schafe, die keinen Hirten haben“(Mk 6,34). Spiritualität im „Spiel“ mit unklaren überrationalen Mächten nähert sich in ihrer schwärzesten Form sogar dem Satanismus.

Insofern ist die *Wiederkehr des Religiösen, eher: sein Nichtverschwinden,* keineswegs einfach schon in sich stimmig und erfreulich. Subjektiv-plurale Lebensentwürfe ermangeln der gegenseitigen Verbindlichkeit oder sogar „Übersetzbarkeit“, wenn ein transzendenter Bezug entfällt: Sie führen zur Beliebigkeit eines atomisierten, individualisierten „Sinns“.[14] Die Neigung zu Transzendenz-Surrogaten in Form von säkularen Ritualen (gesellschaftlich oder individuell) zeitigt vielfältige Vermarktungen und Vergötzungen der Immanenz[15]. Diese aber verliert ohne „Außenstandpunkt“ ihre kriteriale Beurteilungsmöglichkeit; eine größere Ideologie-Anfälligkeit in säkularen Zivilgesellschaften scheint unausweichlich.[16] Wenn selbst „Vernunft“ im Sinn einer Verfallstheorie – nach Adorno – zur uneingesehenen Ideologie werden kann, dann bedeutet Aufklärung heute nicht nur Befreiung durch Vernunft aus Täuschungen, sondern Befreiung von der Täuschung, welche die Vernunft selbst ist.[17] Gerade daher ist die Aufmerksamkeit auf das Religiöse auch und gerade eine Aufgabe der alten, „erprobten“ Religionen – sogar eine dringliche Aufgabe der biblisch-klassischen Religionskritik.[18] Deren „interne“ Götzenkritik ist im Grund wichtiger und älter als die „externe“ der Religionskritik des 19. Jahrhunderts, welche Religion als Symptom verfehlten Lebens aufzudecken suchte. So übernimmt in verblüffender Weise

---

[13] Vgl. A. Faivre, Esoterik im Überblick. Geheime Geschichte des abendländischen Denkens, Freiburg i. Br. 2001; H. E. Miers, Lexikon des Geheimwissens, ^{2}1997; weniger fundiert: Julia Ewersen, Lexikon der Esoterik, Zürich 2001.

[14] Vgl. J. Habermas/J. Ratzinger, Dialektik der Säkularisierung. Über Vernunft und Religion, Freiburg i. Br. 2005.

[15] Vgl. R. Menasse, Alles über Gott und die Welt. Oder: Landnahme und die Kapitalismusreligion, in: K. P. Ließmann (Hg.), „Nun sag‘, wie hast du’s mit der Religion?“, Wien 2008, 236ff.

[16] Vgl. P. Strasser, Der Weg nach draußen. Skeptisches, metaphysisches und religiöses Denken, Frankfurt a. M. 2000.

[17] Vgl. D. Henrich, Bewusstes Leben. Untersuchungen zum Verhältnis von Subjektivität und Metaphysik, Stuttgart 1999.

[18] Vgl. A. Schmeman, Aufzeichnungen 1973–1983, Einsiedeln 2002.

heute das Christentum die Aufgabe einer „Aufklärung“ über Götzen, ja eine Verteidigung der Rationalität, der Wichtigkeit vorurteilsfreien Denkens und selbstkritischer Philosophie.[19]

Solche Überlegungen werden seit geraumer Zeit zur Vorgabe der intellektuellen Auseinandersetzung. Insofern erhält das Christentum Rückenwind von Vordenkern, die ihrerseits die „Vorhölle“ in ihrer Dürftigkeit freilegen. In diesem Spannungsfeld agiert auch die Frage nach einer neuen verantwortlichen, personal gehaltenen Spiritualität. Ist sie antwortlos oder provoziert sie doch eine Antwort – nicht nur vom Schreibtisch aus? In der philosophischen Reflexion Jacques Derridas wird ein eigenartiger „Atheismus in der Spur Gottes“ formuliert, welcher „die Logik des Adieu“ in Anschlag bringt: „Verabschiedung des bisherigen Gottes, Bewegung auf einen Gott zu, der Nicht-Gott (a-dieu) ist“[20]. Postmodern gelesen kann À Dieu heißen, von einem zu klein gedachten Gott „ablassen“ und sich ausstrecken auf einen (vielleicht nur gut vergessenen) Unbekannten. Gesucht wird offenbar der Ursprung noch *vor* dem „jeweiligen“ Gott der Religionen. Aber für diese Suche gilt immerhin: Die Leerstelle „Gottes“ darf weder von „Humanismus“ noch von Sozialnormen noch von anderen selbstbezüglichen Wünschen und Vorstellungen besetzt werden. Das aufklärerische Selbstbewusstsein und seine (nur) funktionale Vernunft werden vielmehr in ihrer Selbstreferenz kritisiert und zu einem Überstieg aufgefordert.[21] Überstieg wohin?

4. Bei-Spiel: „Nachtfieber“ oder „Nacht der Barmherzigkeit“

Betrachten wir *eine* aufblitzende Antwort, die nicht schon theoretisch überfrachtet, sondern in der Erprobung ist; sie verbreitet sich gegenwärtig wie ein Lauffeuer in den europäischen Städten. Seit dem Weltjugendtag in Köln 2005 bieten junge Christen, die sich zu „Nightfever“ zusammenschließen, etwas auf den ersten Blick er-

---

[19] Vgl. M. Pera/J. Ratzinger, Ohne Wurzeln. Der Relativismus und die Krise der europäischen Kultur, Augsburg 2005.

[20] K. Ruhstorfer, Adieu. Derridas Gott und der Anfang des Denkens, in: FZPhTh 51 (2004), 123–158, 131.

[21] Vgl. H. Joas, Braucht der Mensch Religion? Über Erfahrungen der Selbsttranszendenz, Freiburg i. Br. 2004.

folglos Scheinendes an: eine reine Nacht der Anbetung, andernorts „Nacht der Barmherzigkeit" genannt. Mittlerweile nehmen Jugendliche aller Konfessionen, Muslime, Glaubenslose, Buddhisten daran teil. Spiritualität erleben heißt hier: abends eine Kirche bis Mitternacht offen finden, zufällig – nach dem Film, der Disco, dem letzten Döner – zur Anbetung kommen, ungeplant bleiben, ungeplant berührt werden. Fragt man nach dem Grund des „Erfolgs", so zeigt sich zunächst nicht viel: Alles ist einfach, wenig Licht, wenig Worte, wenig Musik, Segen. Die folgende Beschreibung gibt zunächst Eindrücke wieder; sie werden anschließend gedanklich vertieft.

Der Anfang ist geschützt vom Dunkel. „Nightfever" nutzt die Nacht. Eintauchend in die Bergung einer Kirche, deren Wölbung sich im Dunkel verliert, beginnt der Gang in die Tiefe. Ein Teil der zufälligen, von der Straße weg eingeladenen Besucher geht erfahrungsgemäß nach kurzem, ein anderer Teil wird vorübergehend ahnen, dass es in ein „Unheimliches" oder doch Ungewohntes führt, ein dritter Teil wird bleiben, länger als gedacht, und sich dem Ungewohnten überlassen. Die Initiatoren selbst trauen dem Dunkel zu, von sich aus zu wirken und in sich hineinzuziehen. Sie haben sich diesem Wirken selbst überlassen, in der betenden Einübung zu Beginn des Abends, und gehen daher anschließend ohne Unruhe, ohne Zwang auf die Straße, um werbend zum Eintreten einzuladen. Es geht nicht um Spaß, sondern um Freude. Freude muss man nicht aufdrängen.

Anfangs sieht keiner das Entscheidende, aber es keimt, es wächst im stillen Raum des Unbeobachteten. Das Intime braucht keine Zuschauer. Nicht erst seit der Psychoanalyse wissen wir, dass das helle Tun, der helle Wille, in einem unbewussten Dasein, in einem dunklen, uns entzogenen Willen wurzelt. Diese Wurzeln bloßlegen, heißt sie zerstören. Das Dunkel ist kein Neutrum. Es wartet. Vorne schimmert weißes Brot; ein kleines befriedendes Leuchten. Da das Auge sonst nichts unterscheiden kann, bleibt es erst unwillkürlich, dann auf die Länge darauf haften. Wer ist im Brot anwesend? Es ist noch nicht wichtig, einen Namen zu sagen. Der Name wird im Lauf der Nacht kommen, fremd oder vertraut, aber bevor er genannt wird, hat er sich schon eingeschrieben, eingeleuchtet. Die Stille wird dicht; sie wird warm. Er ist da – das ist sein Name. So hieß er schon in der ägyptischen Wüste, so heißt er in der heutigen europäischen Steppe, im stumpf gewordenen Gedächtnis der Generationen.

Weil er da ist, wird nicht viel geredet. Was muss man auch erklären, wenn er so klar die Mitte einnimmt? Nachtfieber verzichtet auf Belehren, es vertraut auf Schauen und (Wieder-)Erkennen. Worte werden gesungen oder mitgesummt, aber es sind Worte der Anbetung, des Lobes, der Freude, nicht der Erklärung. Sie wiederholen sich, sie kreisen um das Unerschöpfliche, das vorne leuchtet. Worte werden auch vorgelesen, aber sie bleiben unzerstört durch Kommentar. Keiner weiß mehr als der andere. Keiner führt, alle werden geführt. Das Tempo des Mitgehens ist nicht wichtig, auch Stehenbleiben ist möglich; vielleicht beginnt auch ein Ungesagtes zu ziehen. Zwischen den Worten und Liedern ist Stille. Stille und Singen sind Ausdruck desselben: der Staunens über die „Anwesenheit". Ein zögerndes Verlangen breitet sich aus: sich hingeben zu dürfen, nicht ins Leere, sondern an jemand, der ohne Ungeduld wartet. Einer seiner großen Namen ist: „Du Atemholen".

Wer eintritt, kann ein Teelicht mitnehmen. Ohne das Dunkel zu stören, stehen kleine Lichter dort, wo jemand sie hinstellte, wie ein Flackern der eigenen Seele, je an dem gewählten Ort: ganz hinten, in einer Nische, wo es ganz finster ist, irgendwo. Ab und zu steht jemand auf, um sein Licht an einem anderen anzuzünden und sich seinen eigenen Ort zu wählen. Es gibt keine verbotene Stelle, „wo man nicht hindarf". Im Lauf der Nacht wachsen die Lichter, sie machen den Raum tiefer. Vorne, um das schimmernde weiße Brot, werden es mehr. Mancher holt später sein Licht aus der Ecke und bringt es nach vorne; dabei beginnen auch Tränen zu fließen. Aber niemand wird hinschauen, jeder hat mit den eigenen (ungeweinten) Tränen zu tun. Das Dunkel löst und verbirgt Schmerz. Vorher wurde er nicht gespürt; jetzt darf er wehtun.

Ungeplant und ohne Vorbereitung beginnt der Schmerz; die Nacht wird fiebrig. Im Seitenschiff knien junge Leute und wollen mit einem Priester sprechen. Haben sie gelernt, wie man das macht und was man da sagt? Haben sie gelernt, ihre Wunden bloßzulegen? Gleichviel: Sie sprechen leise, von sich, von ihrem Leid, von ihrer Gefangenschaft im Bösen. Priester sind bis Mitternacht eingespannt: um zu hören, zu lösen, die brennende Schuld zu löschen. Aus der Nacht des Fiebers entfaltet sich die Nacht der Barmherzigkeit.

Um das Brot wachsen die Lichter. Sofern es eine katholische Kindheit gab, war das Allerheiligste immer fern, oben, entzogen. Jetzt steht es frei, jeder darf nahekommen, sein Licht ganz dicht davor hinstellen, sogar sich davor hinlegen. Niemand klagt an, es gibt keine Schranke. Wie tief diese Nähe berührt; sie entwaffnet, ist so einfach. Aber doch ist es die Nähe des Heiligen, und auch die Ehrfurcht wächst. Heiligkeit füllt den Raum, aber nicht weil es Abstand gäbe, sondern ergreifende Nähe.

Wenn es Mitternacht ist, füllt sich der Raum mit Segen. Segen ist das Vermächtnis dieser Nacht, in der sich das Brot anschaulich, schweigend, anziehend zeigt. Es selbst wird weggetragen, aber sein Segen bleibt. Der Segen wird mitgenommen, auch ein Wort aus dem BUCH kann auf einem Zettel mitgenommen werden, als Nachhall des Erlebten. Am nächsten Morgen ist es vielleicht nur noch ein Streifchen Papier, die Anwesenheit des Heiligen schimmert nur blass durch die starken Übermalungen des Alltags und wird dann vergessen. Vielleicht aber auch umgekehrt: Die Sehnsucht nach dem Raum, in dem das Heilige wirklich war, lässt fragen, wann und wo der Raum wieder geöffnet wird. Und warum das Heilige in den anderen Räumen unseres Daseins nicht wirken kann. Aber besser, tiefer greift die Frage: Wann treffe ich Dich wieder? Kann ich Freund und Freundin mitnehmen? Kannst Du uns gemeinsam berühren? Oder auch: Eines Abends stehen die Türen wieder offen, und es braucht nicht mehr die Einladenden, sondern der Magnet zieht selbst hinein.

5. Der Spannungsbogen des Heiligen: Ein reflexiver Gang durch religiöse Welten

Das skizzierte Erleben bedarf einer geschichtlichen und religionsphilosophischen Ausdeutung, um das Erlebte vor dem Verdacht des bloßen Gefühls zu schützen und grundsätzlich auch eine religiöse Gefährdung zu klären.

Beim Gang durch vielerlei religiöse Kulturen zeigen sich Übereinstimmungen: in der Verankerung aller göttlichen Verehrung im Leibhaften und in sinnlicher Erfahrung (der Wir-Gruppe und später des Einzelnen), aber auch im kosmischen, göttlich durchwirkten Rhythmus der Zeiten von Tag, Monat und Jahr, im Bau der heiligen Räume, im Bildhaften und symbolisch Übersteigenden der dargebrachten Opfer, in Ritus und Gebärde. Diese Bemerkung zielt nicht auf eine „wissenschaftliche" Gleichsetzung und Gleich-Gültigkeit aller Religionen, sondern auf jene anthropologischen Ordnungen, die nicht zahllos und willkürlich sind, sondern im Verhältnis zu einer göttlichen Macht bestimmte Ausdrucksmittel einsetzen. Andererseits ist zu beobachten, dass Religionen ihre Deutung der göttlichen Macht und des anbetenden Menschen vertiefen, verfeinern, Irrwege anmahnen und überwinden – oder auch Erreichtes wieder aufgeben, zurückfallen, unzulässig vereinfachen. So leistet die Geschichte der religiösen Kulturen weder einen Einheitsentwurf noch eine zwingende Evolution hin auf ein „geklärtes“ Gottesbild; diese Geschichte zeigt vielmehr dramatische Verwerfungen: Vertiefung und Verflachung großer Anfangsimpulse, Einbettung, aber auch Steckenbleiben in kreisläufigen Mythen, Nicht-Unterscheidung dämonischer und göttlicher Kräfte, Stärkung und Zerstörung menschlicher Potenzen, Widersprüche im Gottesbild selbst. Darin liegt auch eine Gefahr, die freigelegt werden muss, vor allem im heutigen leichten Konsum von Religion, in der Spiritualitäts-Welle und der Esoterik mit ihrem schwer durchschaubaren Markt bis hin zur schwarzen Magie.

6. Zweideutiges Helldunkel der Götter

Denn, gleich die Warnung, die Rede vom Heiligen enthält etwas Doppeldeutiges. Berühmt wurde die Definition des Religionswissenschaftlers Rudolf Otto, das Heilige sei zu fassen im Zwiespalt von *tremendum et fascinosum*, von Furchterregendem und Zwingend-Anziehendem.[22] Die alten magischen Praktiken ebenso wie die mythischen Vielgötter-Erzählungen trennen das Göttliche nicht vom Dämonischen, das Lebenspendende nicht vom Tödlichen. Tatsächlich zeigen sich Religion und Angst verschwistert, sind doch die archaischen Götter oder früher noch die apersonalen *numina*, die naturhaft bedrängenden Gewalten, eine Ballung unberechenbarer Macht: Sie sind ordnende Gewalt *und gleichermaßen* diabolische Zerstörung. Aus solch bedrohlicher Doppeldeutigkeit steigen Angst und erstaunliche Faszination auf, denn dahinter stehen die Erfahrungen von Herrschaft, Zwang, unberechenbarer Macht.

---

[22] R. Otto, Das Heilige. Über das Irrationale in der Idee des Göttlichen und sein Verhältnis zum Rationalen, Breslau 1917.

„Die Götter haben das letzte Wort. Sie heben dich in die Höhe, wenn du auf der dunklen Erde liegst, sie werfen dich auf den Rücken, hast du erst einmal Fuß gefasst“, formuliert Archilochos im 7. Jh. v. Chr. So ist in der Dreiheit *(trimurti)* der männlichen Gottheiten Indiens, Shiva der Zertrümmerer der Welten, der im ewigen Umschwung der Äonen sowohl schafft als auch zerstört – wertungslos in sachlich-unerbittlichem Gleichmut. Die Souveränität der Gottheit tötet, ohne sich zu rechtfertigen, sie sättigt sich am Lebendigen, das sie hervorbringt. Solche Gottheiten sind gestalthafte Umsetzungen der jahreszeitlichen Rhythmik von Werden und Vergehen, auch der menschlichen Rhythmik zwischen Geburt und Sterben. Ein Ausdruck solcher vom Menschen nicht einzuordnenden, ja nicht einmal ungestraft zu bewertenden Mächte sind die grausamen Götterkämpfe der griechischen und nordischen Welt, worin sich die Götter im feindseligen Zwist tödlich befehden und ihre Gewalt sich gegenseitig vernichtet.

Und nie kann eine Absicht des Menschen „gegen den Ratschluss der Götter“ das Schicksal herumwerfen. Die archaische Angst vor dem Göttlichen verwandelt sich in Fatalität, Resignation, Apathie, lebt in Furcht vor dem Verscherzen seiner launischen Gunst, bleibt im schuldbedrohten Dasein hängen.

Vieles an der heutigen „Wiederkehr der Religion“ wurzelt in diesem anthropologischen Boden heil-loser Angst vor den Lebens- und Todes-Mächten. Es mag sogar mehr „Wiederkehr uralter Verwirrung“ (Hölderlin) sein als wirkliche Bekehrung zum lebenspendenden Göttlichen; heute übt Tod – in den „modischen“ Leichenschädeln – die große Faszination aus.

7. Aufhebung der Angst ins Vertrauen: Der Heilige

Die geschilderte Anbetung meint mehr und anderes als die Religionen des zwielichtigen Dämonisch-Göttlichen. Biblische Offenbarung bedeutet eine Sprengung im religiösen Bewusstsein: Das Göttliche ist nicht mehr in der unklaren *condition humaine* verankert, sondern „geöffnet“ worden. Im Unterschied zum undurchsichtigen Wirken der Götter verleiht Gott Einsicht über sich selbst: Er ist gut. Bei ihm verweist die Etymologie des „Heiligen“ wirklich auf das Heilen oder „Gänzlichen“ von etwas Zersprungenem oder

Zerbrochenen. In Gott wird Wahrheit als Treue, *emeth,* sichtbar (englisch *true:* treu, wahr). Zum hebräischen Wortfeld um Glauben gehört (sich) trauen, anvertrauen. *Das Vertrauen traut der Treue des anderen.* Vertrauen ist die Urgebärde des Kindes, das ganz aus Beziehung lebt und leben muss. Vertrauen ist die Urgebärde der Liebenden. Vertrauen wird zur Urgebärde zwischen Gott und Mensch.

Anvertrauen ist es ein schöpferischer Akt, setzt es doch in Kraft, worauf man vertraut: Liebe, Verlässlichkeit, Hilfe. Der Glaube an Gott wird wirklichkeitsstiftend, performativ. Und umgekehrt: Der Treubund *(berith)* Gottes mit Israel gibt Halt, stellt alle Ängste in die Helle des eindeutig und immer Guten. In diese Helle des Verlässlichen, in die Erfahrung des Vertrauen-Könnens will „Nightfever" führen: dass der Heilige heilt, wirklich, lösend und in unausdenklicher Gutheit.

Allerdings: Auch Israel kennt Gott als furchtbar *(tremendum),* aber vor einem ganz anderen Hintergrund: nicht mehr dem Hintergrund des Unberechenbaren und Willkürlichen, sondern dem furchtbaren Schmerz der verletzten Liebe, der unbeugsamen Treue, die auf die Untreue des Volkes trifft. Er ist das Licht, das hier fordert, nicht die Bosheit, die verunsichert. Das Neue an Gott bedeutet nicht, dass er seine Stärke oder Unzugänglichkeit einbüßt – solche Gutheit ist gerade nicht „zahnlos"; sie kann durchaus als bedrängend erfahren werden, allerdings im Sinne einer heilsamen, über vordergründige Wünsche hinaus zielenden Umwandlung. Aber die Strenge der Forderung lässt sich als Anspruch der Liebe und des Geliebtseins erkennen.

Daher öffnen sich für das Einführen in diese tiefe Erfahrung zwei mögliche „Räume": Licht und Dunkel. Sie gehören zusammen, beide sind Träger und Auslöser seelischer Bewegungen.

8. Anbetung im Licht

Im „Nachtfieber" wird eine einfache Lichtquelle ins Dunkel gestellt: die weiße Hostie. Sie besitzt die Klarheit des leicht Eingängigen, aber auch die Klarheit des Schweigend-Unergründlichen. Erstaunlich ist, dass es mit der dabei eintretenden Ruhe überraschend auch zum Durchbruch von Schulderkenntnis und von Sehnsucht nach Änderung kommen kann. Denn: Es gibt kein donnerndes Gericht, keinen rasenden Götterzorn. Nur das Licht bricht ein, auf seine leise Art zwingend. Es wird nicht gerichtet, es wird nur ans Licht geholt. Solches Beleuchten und unersättliche Zurückschauen ist anders wirksam und wirklicher als der abstrakte Bezug auf ein neutrales „Es" der Gerechtigkeit oder des Abgleichs in einer anonymen Vergebung (die ortlos bleibt). Die vom Licht ausgehende Vergebung ist gerade nicht Versinkenlassen in den unbeteiligten Urgrund; sie ist aktive Wandlung, aber zum Eigenen; sie wahrt die konkrete Gestalt des Entschuldeten, bindet sie aber in eine beglückende Beziehung, zumindest weckt sie die Sehnsucht danach.

Wer dieses einfache weiße Brot in seiner Bedeutung nicht versteht und nichts von ihm gehört hat, gerät mit seiner Blindheit doch, wenn er länger bleibt, ins milde Licht. Ungeschützt ja, aber auch unangegriffen, unangeklagt. Und kann sich später fragen, was er gesehen hat: wortloses Licht, das sich auslieferte. Ist Blindheit davor nicht eine Entschuldigung? Es mag ein instinktives Ausweichen vor dem Licht geben, aber die Symbolik ist lesbar. Wenn man sich diesem leisen Anspruch öffnet, beweist sich seine Aussage von selbst. Es ist die Stärke von „Nachtfieber", dass es eine so klare Symbolik nicht bespricht und nochmals deutet, sondern einfach vor Augen stellt.

Die unauslotbare Tiefe des Sich-Zeigenden verhindert das begriffliche Begreifen, aber sie öffnet umgekehrt eigene unbetretene Tiefen. Im Unterschied zum gezielten Sehen lässt ein solches absichtsloses Schauen-Lassen das Wirkliche anbranden, auftreffen, das Begreifen überwältigen. Die zufälligen Besucher so „ungeschützt" der Wirklichkeit des Heiligen, ihrem „Übermaß" zu stellen, bedarf der Kühnheit der leitenden Gruppe. Sie vertraut darauf, dass das Gesehene auf das Sehen zurückwirkt. Dass das, was sich dem Auge so einfach bietet, die Fähigkeit des Auges selbst entfaltet. Um es mit Guardini zu verdeutlichen: „Durch das aber, was e(s) sieht, wird e(s) wiederum sehender […] der wachsenden Kraft des Blickes öffnet sich neue Gegenstandsfülle. […] Am Aufschimmern des Gegenstandes aber erstarkt die Kraft des Sehens, und so gesundet langsam das Auge zur Wahrheit."[23] Mit Augustinus lautet Lebendigsein, wenn man bis auf seinen Grund geht: *videntem videre* – den ansehen, der mich immer schon ansieht. „Dein Sehen ist Lebendigma-

---

[23] R. Guardini, Der Herr. Betrachtungen über die Person und das Leben Jesu Christi (1937), Würzburg 1951, 176f.

chen. Dein Sehen bedeutet Wirken."[24] Sehen und sich ansehen lassen ist größeres Glück als das Verschmelzen und damit Untergehen in einem augenlosen Eins und Alles oder Eins und Nichts eines umfassenden „Urgrundes".

In der leuchtenden Stille lässt Nachtfieber Gebete aufspringen. Sie gehören zum Typus des langsamen Bewusstwerdens, und das vollzieht der *Einzelne:*

> „Immerfort empfange ich mich aus Deiner Hand. Das ist meine Wahrheit und meine Freude. Immerfort blickt Dein Auge mich an, und ich lebe aus Deinem Blick, Du mein Schöpfer und mein Heil. Lehre mich, in der Stille Deiner Gegenwart das Geheimnis zu verstehen, dass ich bin. Und dass ich bin durch Dich, und vor Dir, und für Dich."[25]

Ein anderer Typus des nächtlichen Betens leitet zum Lob über. Loben heißt, ohne noch Gott bereits in der Tiefe zu „kennen", ihn an-erkennen, schätzen, dankend auf sich beziehen. Dabei steigert die *Gemeinschaft* im gegenseitigen Mitnehmen die Züge des Lobenswerten.

9. Anbetung im Dunkel

Dunkel ist nicht Finsternis. Eine mittelalterliche Kircheninschrift lautet: *nox mea obscurum non habet;* „meine Nacht hat nichts Finsteres." Denn in diesem Dunkel ist die zwielichtige Bedrohung der frühen Zeit getilgt: Die schimmernde Hostie vorne, die Lichter vor ihr und um sie zeigen die haltende Mitte, Christus. Was fügt aber das Dunkel dem Licht noch hinzu?

Gerade große religiöse Wahrheiten bedürfen – ihrer Größe wegen – des vielleicht erschütternden Durchgangs durch eine Wüste: Erst dann kann die Tröstung kommen, erst dann weiß der Geprüfte,

---

[24] Nicolaus Cusanus, De visione Dei / Die Gottesschau, in: Philosophisch-theologische Schriften, hg. u. eingel. v. Leo Gabriel, übers. v. Dietlind u. Wilhelm Dupré, Wien 1967, III, 105ff. „Dein Sehen, Herr, ist Lieben [...]. Indem du mich ansiehst, lässt Du, der verborgene Gott, Dich von mir erblicken." Ähnlich Irenäus von Lyon, Adversus haereses IV, 20, 7: „Das Leben des Menschen ist es, Gott zu sehen."

[25] R. Guardini, Theologische Gebete, Frankfurt a. M. ^{8}1985, 14.

was er weiß. Viele Menschen, vielleicht alle, tragen in sich eine Wüste, die im Lauf des Lebens wächst. Darin liegt die sinnbildliche Bedeutung des Finsteren: verdorrter Wille, ersticktes Gutsein, welke Liebe, die „einst wie Rosen roch“, Sandberge des Unbewältigten, das nie mehr abgetragen wird. Aber gerade weil es die Höhlen gibt, worin alte Schuld verrottet, weicht man der eigenen Wüste aus. Nightfever spricht davon, dass jemand es wirklich wagt, davon zu erlösen; dass es vorstellbar wird, zitternd vor Freude die eigene Wüste aufblühen zu sehen.

Das Dunkel ist der Raum, wo diese Wüste bemerkbar wird und sich der Umschwung vorbereiten kann, wo das Vordergründige zurücktritt. Dafür eignet sich die Nacht, in welcher die Ablenkungen verstummen. Zeitlos sind die Stunden des Dunkels. Es gibt die bedrohliche Finsternis, worin die Albträume aufstehen und das Gemüt aufjagen. Aber im guten und warmen Dunkel, in dessen Mitte die Helle wartet, muss sich die Einsicht in die eigenen Abgründe nicht zur Verzweiflung verkrümmen. Dann kann sich „in stürzende Tränen ausschütten all dein Leid“[26], das sonst unterdrückt, von anderen beobachtet würde. So bleibt das Intime geschützt und wird nicht prostituiert. Daher sind im „Nachtfieber“ die Bekenntnisse des eigenen Versagens möglich – ob lautlos oder in das Ohr eines geduldig Zuhörenden gesprochen, ob mit der Absolution sakramental gelöst oder mit Segen und Trost begleitet. Im Dunkel lässt sich abladen und neu aufrichten, leichter „nach Hause kommen“. Jedes „Nachtfieber“ ist so auch eine Analogie zur Osternacht, der Nacht uferloser Barmherzigkeit.

Und im weiteren Sinn ist es auch die Zeit der Ruhe, in der man nicht dies und das tut und besorgt, sondern einfach da ist, Kraft empfängt. Eine kleine bekannte Geschichte von zwei Schwestern (Lk 10,38–42) hat die Kulturgeschichte verändert. Denn auf Maria und Martha von Bethanien geht die Unterscheidung von Kontemplation und Aktion, von Zuhören mit „glühenden Ohren und Wangen“ und von geschäftigem Sorgen und Tun zurück. Und es ist deutlich, wo auch heute das aktive, unruhige Herz schlägt. In der Aufklärung sollten zum Beispiel die kontemplativen Orden verboten und nur noch die „nützlichen“ Orden zugelassen werden: um Caritas, Waisen- und Krankenpflege überzeugend „effizient“ zu betreiben.

---

[26] F. Nietzsche, Von der großen Sehnsucht, in: Also sprach Zarathustra. Hauptwerke I, Stuttgart 1939, 246.

Und doch ist das Aktive nicht ganz stimmig. Manager gehen zur „Auszeit“ ins Kloster, Universitäten geben ein Sabbatjahr frei, Meditationskurse sind so voll wie die Schlaflabore für die Überaktiven. Ein neues Wort heißt „Runterchillen“, nachdem man sich über das Wochenende verausgabt hat. Geht es im ruhigen Dunkel also um den notwendigen Ausgleich zur Arbeit? Eben nicht.

Denn „betriebsmäßig“ eingeplante Ruhe ist heimliche Unterstützung der Arbeit, damit die Umtriebigen sich noch mehr verausgaben können. Was ist dagegen das Sitzen zu den Füßen Jesu? Die gescholtene junge Frau gibt die Antwort: Es ist tiefinnerstes, ja entflammtes Ruhen – und nicht Ausruhen; es ist gelöstes Dasein – und nicht „Kräftetanken“. Es ist die Stunde, in der sich das Leben aus seinem drängenden Rhythmus löst und in einen Lichtkegel gerät und „anders“ wird. Im Dunkel der anbetenden Nacht kauern sich die jungen Menschen zu Füßen des Einen, der die wirbelnden Gedanken einfängt und bezwingt. Alles Betriebsame versinkt, Essen und Trinken sind vergessen. Nichts zählt mehr als die Stimme, die vom Leben weiß, vom Weg, von der Wahrheit. Es gibt eine Tüchtigkeit, die vom Leben abhält. Es gibt ein Seinlassen, das geradewegs ins Leben hineinführt. „Herzklopfend heimgekehrt“ kann man diese Stunde nennen: in das lang Vergessene, an das Herz der Welt.

Solche Anbetung ist Anzeichen einer künftigen neuen (gut vergrabenen alten) Spiritualität. Eine letzte unterfangende Reflexion: In der Anbetung wird gewahrt, was in der Moderne weithin gestört ist – das Verhältnis zur eigenen Kreatürlichkeit, der Wunsch, sich selbst als Gabe eines Gebers zu begreifen. Denn angebetet wird der Schöpfer, der gleichzeitig der (Er)-Löser der eigenen Existenz ist. Diese erstrangige Einsicht in das geschenkte Geschaffensein wird durch virtuelle Weltentwürfe verdunkelt, durch Dekonstruktion zerstört, durch scheinbare Allmacht des Machens (auch von Menschen) überflüssig. Wo dies geschieht, zerfällt die Wahrheit über das Dasein: dass es nicht zufällig, nicht willkürlich veränderbar, noch weniger gleichgültig ist. Kraftvoll ausgedrückt: Dass es das Glück gibt, gewollt zu sein, bis in den Grund seiner selbst. Nicht die Schnittstelle von Illusionen, nicht Vergänglichkeit, die sich Leben ertrotzen muss, definiert das Dasein: sondern ein Wille, der wollte, dass ich sei. Anbetung wahrt diese Wahrheit, und wo sie – wie vielfach in der „autonomen“ Moderne – ausfällt, wird das Dasein „krank“, in seiner Wurzel gestört. So gehört in die Spiritualität des 21. Jahrhunderts die glückhafte Erinnerung: Dasein ist nicht Habe, sondern Gabe – von anderswo, von einem anderen.

> „Darum muss es etwas geben, an dem das Herz sich immer wieder in der Wahrheit erneuert, der Geist sich reinigt, der Blick sich klärt, der Charakter verpflichtet wird. Das ist die Anbetung. Es gibt nichts Wichtigeres für den Menschen, als dass er lerne, sich mit dem inneren Sein vor Gott zu neigen; Ihm Raum zu geben, dass Er aufsteige und der Eigentliche sei, deshalb, weil er würdig ist, es zu sein. Zu denken, innerlich zu vollziehen, dass Gott der Anbetung würdig ist, aus Seiner Wahrheit heraus, unendlich, restlos – das ist heilig und groß und macht gesund von Grund aus.“[27]

---

[27] Guardini, Der Herr (s. Anm. 23), 595f.

Spiritualität in Europa im 21. Jahrhundert

Gerechtigkeit, Imagination, Erinnerung und Mystik

Renate Jost

1. Spiritualitäten

Spiritualität ist facettenreich und vielschichtig. Nach Bucher kann als Kernkomponente qualitativer Studien der Begriff der „Verbundenheit" (connectedness) angesehen werden.[1]

In dem Maße, in dem sich eine Person hineintranszendiert in die Verbundenheit zu einem höheren, geistigen Wesen, zu Natur und Kosmos und ihrer sozialen Mitwelt, ereignet sich, dass sich ihr Selbst realisiert als etwas, das mehr ist als das Ich.

Im Anschluss an King verbindet sich Spiritualität darüber hinaus mit der Suche nach Sinn und Ganzheit. Sie ist mit verschiedenen Orten, Zeiten und Kulturen verknüpft und muss deshalb in einem kulturübergreifenden globalen Zusammenhang analysiert und verstanden werden. Sie schließt spezifische spirituelle Praktiken ein und basiert auf dem spirituellen Erbe der gesamten Menschheit. In der Vergangenheit oft definiert durch die religiösen Eliten, gilt es dabei vor allem heute, den Kontext des täglichen Lebens und die Spiritualitäten normaler Menschen in der sogenannten Popularreligion zu berücksichtigen.[2]

Aufgrund vielfältiger Entwicklungen in den vergangenen Jahrzehnten kann im 21. Jahrhundert auch von „Spiritualitäten" gespro-

---

[1] Vgl. A. Bucher, Psychologie der Spiritualität. Handbuch, Weinheim/Basel 2007, 33. Der hier sichtbare Zusammenhang von Spiritualität und Verbundenheit (connectedness) entspricht auch einer Auswertung qualitativer empirischer Studien und ist auf dem Hintergrund angelsächsische Traditionen zu verstehen (vgl. K. Raschzok, Evangelische Aszetik. Zur Wiederentdeckung einer Disziplin der akademischen Praktischen Theologie und ihrer Forschungs- und Lehrgestalt, in: R. Kunz/C. Kohli Reichenbach [Hg.], Spiritualität im Diskurs. Spiritualitätsforschung in theologischer Perspektive, Zürich 2012, 13–36).

[2] U. King, Art. „Spirituality", in: Encyclopedia of Women and World Religion, hg. v. Serinity Young, New York 1998, 942–944.

chen werden, um vorschnelle Vereinnahmungen und das Einebnen von Differenzen zu vermeiden. Verbindend bleiben ein Bewusstsein eigener Macht und der Ermächtigung anderer, Reimagination des Heiligen und ein Bewusstsein von der Heiligkeit allen Lebens.[3]

2. Gerechtigkeit

Europa im 21. Jahrhundert ist davon bestimmt, dass in den internationalen Beziehungen Globalisierung, Neoliberalismus und Kommerzialisierung bis in die privaten Lebensbereiche hinein bestimmend sind. Nach wie vor werden Menschen aufgrund ihres Geschlechts, ihrer sexuellen Ausrichtung, ihrer Hautfarbe, ihrer Zugehörigkeit zu einer bestimmten Ethnie und ihrer Armut diskriminiert und marginalisiert.[4] Solche Gewaltförmigkeit symbolischer Ordnungen, ob gesellschaftlich oder politisch wirksam, ist Thema aktueller theologischer und religionskritischer Diskurse: Feministische, postkoloniale, postsäkulare und queere Ansätze nehmen mit großer Sensibilität die Mechanismen von verdeckter Gewalt wahr, nicht zuletzt auch die im theologischen und religiösen ‚Sprechen' selbst angelegten. Vor allem aber machen sie, ebenso wie die kontextuellen Befreiungstheologien, den widerständigen, ‚heilenden' und visionären Charakter von Spiritualitäten sichtbar.[5]

Feministische Spiritualitäten, auf denen in diesem Artikel der Schwerpunkt liegt, sind als vielschichtiges Phänomen vom Beginn der Frauenbewegungen Ende der 1960er Jahre und in den 1970er Jahren ein wichtiger Bestandteil unterschiedlicher religiöser Grup-

---

[3] Ebd.

[4] Vgl. A. E. Abele/E.-H. Hoff/H.-U. Hohner (Hg.), Frauen und Männer in akademischen Professionen. Berufsverläufe und Berufserfolg, Heidelberg/Kröning 2003; C. Koppetsch/G.Burkart, Die Illusion der Emanzipation. Zur Wirksamkeit latenter Geschlechtsnormen im Milieuvergleich, Konstanz 1999; P. M. Zulehner/R. Volz, Männer im Aufbruch. Wie Deutschlands Männer sich selbst und wie Frauen sie sehen. Ein Forschungsbericht, Ostfildern ^{2}1999; den Armutsbericht der Bundesregierung von 2013 sowie z. B. die Studie des Sinus Sociovisions Instituts Heidelberg, Frauen in Führungspositionen. Barrieren und Brücken von 2010, des Bundesministeriums für Familie, Senioren, Frauen und Jugend zur geringen Repräsentanz von Frauen Führungspositionen.

[5] Vgl. Internationale Tagung der ESWTR in Dresden 2013.

pierungen weltweit.[6] Feministische Spiritualitäten verstehen sich von Anfang an im ökumenischen Horizont, doch ist bei vielen die Bindung an die eigene Konfession und Religion erkennbar.[7]

Feministisch sind Spiritualitäten insofern, als sie sich als Teil gesellschaftskritischer Frauenbewegungen verstehen, die sich für die individuelle Autonomie und Selbstbestimmung, für Gleichberechtigung und Gleichbehandlung sowie das Recht auf körperliche und seelische Integrität von Frauen einsetzen. Der Begriff „Feminismus" impliziert darüber hinaus eine theoretische Gesellschaftskritik und eine wissenschaftskritische Ebene, die unterschiedliche, abgestufte Formen von Unterdrückungssystemen analysieren.

Die mit dem Begriff „Feminismus" verbundenen Wissenschaften, die im Zusammenhang stehen mit der gesellschafts- und kulturkritischen Bewegung der Neuen Frauenbewegung,[8] die in den 1970er Jahren entstanden ist, entwickelten ihre Kritik in einer zweiten Phase weiter zu „gender studies", zur Analyse der Geschlechterverhältnisse insgesamt, da die Interdependenzen der Lebenswelt und der Theoretisierung von Männern und Frauen deutlich geworden war.

Sowohl der Begriff „Frauen" als auch „feministisch" und „Gender" müssen immer wieder einer Kritik unterzogen werden, damit sie nicht essentialistisch, sondern historisch und in ihrer kulturellen Verschiedenheit verstanden werden.[9] Was dies im Einzelnen bedeutet, muss für die jeweilige Situation immer wieder neu ausgehandelt werden. Gerechtigkeit schließt aber die Kritik an Herrschaftsverhält-

---

[6] Vgl. hierzu M. Daly, The Church and the second sex, New York 1975; Dies., Jenseits von Gottvater, Sohn & Co., München 1986; C. P. Christ/J. Plaskow, Womanspirit Rising. A Feminist Reader in Religion, New York 1979.

[7] Vgl. z. B. R. Jost/U. Kubera, Befreiung hat viele Farben, Gütersloh 1991; U. King/T. Beattie (Hg.), Gender, Religion and Diversity. Cross-Cultural Perspectives, New York 2005.

[8] Eine Zeit lang wurde zwischen der ersten und zweiten Frauenbewegung unterschieden. Als erste Frauenbewegung wurden die sich für Wahlrecht, Gleichberechtigung etc. einsetzenden Bewegungen des 19. Jahrhunderts verstanden. Als zweite Frauenbewegung galt der in den 70er Jahren des 20. Jahrhunderts beginnende Aufbruch. Dies wird zunehmend problematisiert, da es auch schon zu anderen Zeiten Aufbrüche von Frauen gegeben hat und sich diese Einteilung zu einseitig an der westlichen Kultur orientiert.

[9] E. Schüssler Fiorenza, Transforming the Legacy of the Woman's Bible, in: Dies. (Hg.), Searching the Scriptures, New York 1993, 1–24, 16.

nissen, eine gerechtere Verteilung von Macht und Frauenrechte als Menschenrechte ein.

Für ein Verständnis feministischer Spiritualitäten sind die jeweiligen Perspektiven und spezifischen Kontexte bedeutsam. Christlich-feministische Theologinnen wie Carter Heyward und Beverly Harrison entwickelten schon in den 1970er und 1980er Jahren des 20. Jahrhunderts eine Theologie, in der Spiritualität und das Engagement für politische Veränderungen miteinander verbunden werden und die auch für das 21. Jahrhundert Richtung weisend sein kann. Gott geschieht in Beziehung (godding), die sich in der Liebe erweist und auch gelebte Sexualität einschließt:

> „Wenn ich sage, ich liebe dich, so sage ich, dass du nicht mir gehörst, sondern dir selbst.
> Dich zu lieben heißt für deine Rechte, für deinen Platz auf der Welt, für dein Selbst einzutreten und mit dir, statt gegen dich, zu kämpfen, wenn du lernst, deine Macht in der Welt in Anspruch zu nehmen.
> Dich zu lieben mit dir Liebe zu leben … Es heißt die Liebe in gemeinsamer Arbeit oder gemeinsamem Spiel zu leben, in unserem Kampf für soziale Gerechtigkeit oder in der Ekstase und Zärtlichkeit der Umarmung, die wir für gerecht und richtig für uns und andere in der Welt halten.
> Dich zu lieben heißt von einer Macht – von Gott – angetrieben zu werden, die uns erschreckt und tröstet. Ich werde angetrieben, dich zu berühren und von dir berührt zu werden. Dich zu lieben heißt mit dir zu singen, zu weinen, zu beten und zu handeln, um die Welt mit zu schaffen.
> ‚Ich liebe dich' heißt: Lass die Revolution beginnen! Gott segne die Revolution! Amen."[10]

Darüber hinaus erweisen sich Imaginationen und Mystik auch im 21. Jahrhundert als Kraftquellen für Spiritualitäten, die Gerechtigkeit einschließen.

---

[10] C. Heyward, Und sie rührte sein Kleid an. Eine feministische Theologie der Beziehung, Stuttgart 1986, 207.

3. Imaginationen

Die Fähigkeit zu imaginieren ist eine Fähigkeit, die uns in Kontakt bringt mit dem Heilsamen in uns. Das Glück kann ein Gegengewicht zum Unglück sein, es kann Menschen, die extreme Ohnmachtserfahrungen gemacht haben, Kompetenz und Eigenmacht zurückgeben.[11]

Konkrete und nachweisbare Erfahrungen mit Imaginationen wurden in der Traumatherapie gemacht. Luise Reddemann hat darauf hingewiesen, dass diese einen entscheidenden Schritt weitergekommen ist, als entdeckt wurde, dass Überlebende sexueller Gewalt heilsame innere Bilder entwickelt haben, die ihnen halfen, den Terror durchzustehen und zu überleben. Zu ihnen gehören sichere Orte, Geistwesen, Schutzengel, Feen oder begleitende Tiere.

Das Anliegen Traumatisierter, eine heile Welt zu erschaffen, was real in der gewünschten Vollkommenheit nicht möglich ist, kann nach Reddemann darüber hinaus durch die Erschaffung einer heilen und gerechten Welt auf der inneren Bühne aufgenommen werden.[12] Auf dieser inneren Bühne können die verschiedenen Ichs, jene, die ich gewesen bin, die ich gegenwärtig bin, und Visionen derer, die ich sein werde, miteinander in Verbindung treten.

Imagination gehört zu den ältesten Heilmethoden der Welt und spielt auch in feministischen und Queer-Theologien eine wichtige Rolle. So werden beispielsweise vergessene Bilder des Heiligen in weiblicher oder androgyner Gestalt aus der Tradition wiederentdeckt oder neue Bilder entworfen. Grundlegend ist dabei die Kritik am einseitig androzentrischen G'ttesbild und die damit verbundene Re-Imagination des G'ttlichen.

4. Re-Imaginationen des G'ttlichen

Die Kritik am androzentrischen Gottesbild, die Mary Daly vor über 30 Jahren mit der Formulierung „Wenn Gott männlich ist, muß […] das Männliche Gott sein“[13] auf den Punkt brachte, for-

---

[11] L. Reddemann, Imagination als heilsame Kraft. Zur Behandlung von Traumafolgen mit ressourcenorientierten Verfahren, Stuttgart 2001, 14.

[12] Reddemann, Imagination (s. Anm. 11), 21.

[13] Daly, Gottvater (s. Anm. 6), 33.

dert nach wie vor theologisches Denken heraus. Zwar wird kein(e) wissenschaftlich arbeitende(r) Theologe/in heute behaupten, G'tt sei männlich, doch ist die Verwendung der weiblichen Form „Göttin" nach wie vor in christlicher Theologie tabuisiert. Selbst die Verwendung weiblicher Imaginationen für G'tt ruft immer noch Protest hervor. Dies dokumentiert beispielsweise die heftige Diskussion um die „Bibel in gerechter Sprache", bei der die Wiedergabe des G'ttesnamen eine wichtige Rolle spielt. Dabei war das, was im Hintergrund von Mary Dalys zugespitzter Formulierung steht, auch schon damals nicht neu. Im Hintergrund stehen das biblische Bilderverbot und eine damit verbundene jahrtausendealte Theologietradition, die sich der Unmöglichkeit, von G'tt adäquat zu sprechen, da alles Reden von G'tt von der jeweiligen kulturellen und historischen Vorstellungswelt bestimmt ist, bewusst ist. Neu war, dass diese an sich fast selbstverständliche Erkenntnis von Daly 1973 zum ersten Mal feministisch formuliert und mit einer radikalen Kritik an der bis heute vorherrschenden androzentrischen Sprache in der Rede über G'tt verbunden wurde. Da bis heute in der katholischen Theologie der Ausschluss von Frauen vom Priesteramt mit der Männlichkeit Jesu begründet wird, ist auch die Kritik an der Vergöttlichung des Männlichen, die aus evangelischer Perspektive nicht nachvollzogen werden kann, nach wie vor relevant. Der Titel ihres bahnbrechenden Buches lässt programmatisch erkennen, dass es Daly darum ging, „Beyond God the Father" zu denken und einen radikalen postchristlichen gynozentrischen[14] Ansatz zu entwickeln. Im Anschluss an Tillich und die Prozesstheologie versuchte sie deshalb, Gott zunächst als Geschehen („being") bzw. als Göttin konsequent in weibliche Kategorien zu fassen.[15] Dabei stand bei Daly nur die sprachlich symbolische Form, nicht die Beziehungen zu vergangenen oder gegenwärtigen Göttinnen im Mittelpunkt des Interesses.

---

[14] Für eine knappe Definition dieses Ansatzes sowie eine kritische Auseinandersetzung vgl. z. B. G. Matthiae, Clownin Gott. Eine feministische Dekonstruktion des Göttlichen, Stuttgart 1999.

[15] In ihren späteren Büchern und ihrem autobiographischen Buch „Outercourse" beschreibt sie ihren Versuch, die patriarchalische Denk- und Sprachwelt ganz zu verlassen und entwickelt eine eigene gynozentrische Sprache.

Ähnliches gilt auch für Carol Christ, die mit ihrem Aufsatz „Warum Frauen die Göttin brauchen“[16] Furore machte. In fünf Aspekten benennt sie, was Frauen in der Symbolisierung der Göttin auf der Suche nach Tiefe und spiritueller Identifikation finden können:

- eine positive Bejahung der weiblichen Macht, die sie befreit von der Angewiesenheit auf den männlichen Erlöser und Retter;
- eine positive Bejahung des Frauenkörpers;
- eine positive Bejahung des weiblichen Willens;
- eine positive Bejahung der Verbundenheit unter Frauen; besonders die Mutter-Tochter-Beziehung wird in ihrer Bedeutung und Kraft wieder sichtbar und wertgeschätzt;
- eine positive Bejahung des weiblichen Erbes, das sich auf unsere persönliche Geschichte als Frauen, aber auch auf die Vorgeschichte unserer Mütter bezieht.[17]

Die Aussagen Christs werden verständlich auf dem Hintergrund nordamerikanischer und westeuropäischer christlicher Religiosität und Theologie des ausgehenden 20. Jahrhunderts, die weitgehend androzentrisch geprägt war. Inspiriert durch die Frauenbewegung forderten Frauen gleichberechtigte Teilhabe in allen Bereichen politischer und sozialer Macht, sowie entsprechende Veränderungen kultureller Symbolisierungen von Macht auch im Bereich des Göttlichen. Die fünf Thesen erfassen den Kern der Faszination und die Bedeutung, die Imaginationen des Göttlichen in weiblicher, androgyner und vielfarbiger Gestalt für viele in ihrer Suchbewegung bekommen haben. An zentralen Punkten wird die eigene Identität bestätigt und auch die Frage nach Autonomie und Bindung durch weibliche, androgyne oder transpersonale Imaginationen auf den verschiedenen Ebenen (psychisch, physisch, intellektuell, emotional) unmittelbar berührt und zum Schwingen gebracht.

---

[16] C. Christ, Why Women need the Goddess, in: Christ/Plaskow, Womanspirit (s. Anm. 6).

[17] Für eine Diskussion dieses Aufsatzes und seine Bedeutung für die Seelsorge vgl. U. Riedel-Pfäfflin/J. Strecker, Flügel trotz allem. Feministische Seelsorge und Beratung. Konzeption – Methoden – Biographien, Gütersloh [2]1999 (1. Aufl. unter dem Titel: U. Riedel-Pfäfflin, Flügel trotz allem, Gütersloh 1998).

Dies betrifft das Reden von G'tt[18] genauso wie die Imagination der Epiphanie des Göttlichen in unterschiedlicher Gestalt, wie z. B. die schon im Hebräischen weibliche Geistkraft,[19] die Vorstellung von Maria als göttinnengleiche Retterinnenfigur, die schwarz sein kann oder indigene Züge trägt,[20] und die vielfältigen Erscheinungsformen von Engeln in biblischen Texten, theologischer und belletristischer Literatur und der Kunstgeschichte. Das weibliche Christkind, das in manchen Regionen Deutschlands, z. B. in Franken und in Österreich an Weihnachten die Geschenke bringt, ist ein weiteres Beispiel einer Re-Imagination des Göttlichen aus der Popularreligion.[21] Kalsky beschreibt „Christaphanien"[22] im weltweiten Kontext, das Buch „Crucifixae"[23] ermöglicht einen Einblick in weibliche und androgyne Christusdarstellungen in der Kunst. Die leider viel zu früh verstorbene, aus Argentinien stammende postkoloniale feministische/queere Theologin Marcella Althaus-Reid beschreibt in ihrem Buch „Indecent Theology" (Unanständige Theologie) einen Karnevalsumzug durch ein Armenviertel in Buenos Aires, bei dem Jesus als Drag Queen erscheint.[24]

---

[18] Vgl. hierzu z. B. R. Jost, Reden von G'tt und das Erste Testament. Feministische Aspekte, in: S. Gehrig/S. Seiler (Hg.), Gottes Wahrnehmungen. Helmut Utzschneider zum 60. Geburtstag, Stuttgart 2009.

[19] Vgl. hierzu H. Schüngel-Straumann, Ruach bewegt die Welt. Gottes schöpferische Lebenskraft in der Krisenzeit des Exils, Stuttgart 1992; E. Moltmann-Wendel (Hg.), Die Weiblichkeit des Heiligen Geistes. Studien zur Feministischen Theologie, Gütersloh 1995.

[20] Vgl. hierzu R. Wind, Eva, Maria und Co. Frauen in der Bibel und ihre Geschichte(n), Neukirchen-Vluyn 2004; R. Jost, Von altorientalischen Göttinnen zu Marienvorstellungen, in: Dies./K. Raschzok, Gender – Religion – Kultur. Biblische, interreligiöse und ethische Aspekte (Theologische Akzente 6), Stuttgart 2011, 37–54 und die dort angegebene Literatur.

[21] Renate Jost arbeitet zurzeit an einer Studie zum Thema.

[22] M. Kalsky, Christaphanien. Die Re-Vision der Christologie aus der Sicht von Frauen in unterschiedlichen Kulturen, Gütersloh 2000.

[23] J. Zänker, Crucifixae. Frauen am Kreuz, Berlin 1998.

[24] M. Althaus-Reid, Indecent Theology. Theological perversions in sex, gender and politics, New York 2000, 25.

5. Rituale

„Rituale sind in Handlung umgesetzte Imaginationen.“[25] Diese Form der Imagination kann, in Anknüpfung an alte Rituale, wie ein reinigendes Bad oder die Einkleidung mit neuen Kleidern geschehen; es können aber auch neue heilsame Rituale entwickelt bzw. symbolische Wunscherfüllungen ritualisiert inszeniert werden.[26]

In Kulturen, die nicht zu den hochindustrialisierten, westlichen gehören, werden traumatische Erfahrungen häufig mit Hilfe von Ritualen, die von der Gemeinschaft durchgeführt und getragen werden, geheilt.[27] Vor allem staatenlose Kulturen mit ihren transpersonalen spirituellen Systemen und den damit verbundenen Heilungsritualen, in denen seelische Zustände und ihre Heilung inszeniert werden, kommt im Vergleich eine besondere Bedeutung zu.[28] Beispielhaft hierfür sind die Forschungen von Robert Bergmann, einem Psychiater, der in der Navaho-Schule für Mediziner studiert und einige Jahre unter den Navaho praktiziert hat. Er berichtet davon, dass es während der Navaho-Zeremonien und -Gesänge die Länge und intensive Art des Kontaktes unvermeidbar macht, dass Konflikte auftreten. Diese können dann, wenn sie kunstvoll gehandhabt werden, gelöst werden.

Daneben können Rituale eine Art von Moratorium und Wendepunkt sein.[29] Auch hier kann Krankheit wieder als durch Disharmonie mit der Natur, mit dem Selbst und vor allem mit der Gemeinschaft verursacht verstanden werden. Wenn die Gemeinschaft sich auf die Heilung konzentriert, kann Heilung möglich werden.[30]

Feministische Spiritualität wird für viele mit der Fülle von Frauenliturgien verbunden, die Grunderfahrungen aufnehmen und sich doch ständig erneuern, die auch für das 21. Jahrhundert lebendig

---

[25] Reddemann, Imagination (s. Anm. 11), 163.

[26] Vgl. hierzu die Pessotherapie: A. Pesso/J. Crandell, Moving Psychotherapy. Theory and Application of Pesso System/Psychomotor Therapy, New York 1991.

[27] Reddemann, Imagination (s. Anm. 11), 163. Auch die „Hexen“ bzw. weise Frauen und Heilerinnen des Mittelalters verwendeten hallozinogene Drogen, um bei sich und anderen Visionen hervorzurufen und somit ihre Heilkräfte zu fördern.

[28] J. Achterberg, Woman as Healer, London 2002, 156f.

[29] Ebd., 158.

[30] Ebd., 159.

bleiben. Dabei handelt es zum einem um feministische Impulse für den Gottesdienst,[31] wie z. B. eine gerechte Sprache, eine veränderte Perikopenordnung und geschlechtergerechte Predigt.[32]

Zum anderen ist eine kaum überschaubare Fülle von Frauenliturgien entstanden. Sie feiern traditionelle (Weihnachten, Ostern, Pfingsten) sowie weniger übliche Feste des Jahreskreises (Sommer- und Wintersonnenwende oder die dunkle Jahreszeit) und erinnern an bedeutende Personen der Frauengeschichte und des Widerstandes gegen Ungerechtigkeiten dieser Welt. Neben den traditionellen Anlässen für Kasualien werden andere positive Ereignisse, wie z. B. ein Umzug, aber auch schmerzliche Anlässe wie traumatische Erinnerungen z. B. nach einer Scheidung, nach Gewalt- oder Vergewaltigungserfahrungen in Ritualen zur Sprache gebracht sowie heilsame korrektive Erlebnisse in ritualisierter Form inszeniert.[33]

6. Erinnerung

> „Erinnerungen liegen nicht wie unveränderte Neuauflagen des einen Geschehenen vor, sie werden in der Gegenwart, von der Gegenwart aus erzeugt. Für ihre Verhältnisbestimmung sind Übergangsriten besonders interessant. Erzählungen und Mythen dienen dazu, den gesellschaftlichen Status der Einzelnen zu definieren. Dabei steht nicht allen der Zugang zu diesen Erzählungen offen. Wer die Macht über sie hat, hat zugleich gesellschaftliche Macht."[34]

---

[31] Vgl. R. Jost/U. Schweiger (Hg.), Feministische Impulse für den Gottesdienst, Stuttgart 1996.

[32] R. Jost, Feministische Impulse für eine neue Perikopenordnung, in: Auf dem Weg zur Perikopenrevision. Dokumentation einer wissenschaftlichen Fachtagung, hg. v. Amt der VELKD, Hannover 2010, 231–264.

[33] Vgl. z. B. Frauenstudien- und -bildungszentrum der EKD / Arbeitskreis Feministische Liturgie / H. Leistner (Hg.), Lass spüren deine Kraft. Feministische Liturgie. Grundlagen – Argumente – Anregungen, Gütersloh 1997; T. Berger, Sei gesegnet, meine Schwester. Frauen feiern Liturgie, Würzburg 1999; B. Enzner-Probst/E. Moltmann-Wendel (Hg.), Im Einklang mit dem Kosmos. Schöpfungsspiritualität lehren, lernen und leben. Theologische Aspekte – Praktische Impulse, Ostfildern 2013.

[34] J. Küchenhoff, Einleitung, in: Ders. (Hg.), Erinnerung und Neubeginn, Gießen 2002, 7–15, 13.

Indem wir erzählen, beziehen wir Vergangenheit in die Gegenwart mit ein. „Erinnern ist nicht einfach ein Referieren dessen, was gewesen ist. Es ist eine Konstruktion im Medium des Denkens oder – sofern es sich um eine sich selbst oder anderen erzählte Erinnerung handelt – eine Konstruktion im Medium der Sprache.“[35]

Die Fülle feministischer Bibelauslegungen, die in den vergangenen 30 Jahren im wissenschaftlichen und kirchlichen Bereich entstanden sind, können als vielfältiges und lebendiges Anschauungsmaterial dieser imaginativen Spiritualität angesehen werden.[36] Ein wichtiger Schritt ist in diesem Zusammenhang im Anschluss an Elisabeth Schüssler Fiorenzas Hermeneutik[37] die kreative Aktualisierung der Texte. Bibliodrama und Bibliolog sind weitere Beispiele spielerischer und kreativ imaginativer Aneignung. Die „Bibel in gerechter Sprache“[38], die inzwischen in der 4. Auflage erschienen ist und in einem lebendigen Prozess mit der Leserinnenschaft weiter überarbeitet wird, ermöglicht nicht nur einen breit gestreuten Zugang zu einem erweiterten Verständnis der biblischen Überlieferung, sondern ermöglicht, auch diese in Gottesdiensten und Liturgien zu verwenden.

7. Träume, Visionen und utopisches Denken

Erinnerung als verarbeitete Vergangenheit kann im Anschluss an Adorno als „produktives Gedächtnis“ verstanden werden.[39] Erinnerung als produktives Gedächtnis lässt Gegenwart selbst fragwürdig werden und setzt sie ins „Ungeschirmte, Offen“ (Adorno) und eröff-

---

[35] B. Bretzinger, Erinnerung und Neubeginn in der Krankheitsbewältigung. Diskursanalysen aus soziologischer Perspektive, in: Küchenhoff (Hg.), Erinnerung (s. Anm. 34), 208–223, 208.

[36] Vgl. hierzu R. Jost, The Institutionalization of Feminist Biblical Studies in Germany and Its International and Ecumenical Context, in: E. Schüssler Fiorenza (Hg.), Feminist Biblical Studies in the 20th Century, 2014 (im Erscheinen).

[37] E. Schüssler Fiorenza, WeisheitsWege. Eine Einführung in feministische Bibelinterpretation, Stuttgart 2005.

[38] Bibel in gerechter Sprache, hg. v. U. Bail u. a., Gütersloh ^{4}2011; vgl. auch H. Kuhlmann, Die Bibel – übersetzt in gerechte Sprache? Grundlagen einer neuen Übersetzung, Gütersloh 2005.

[39] J. Küchenhoff, Erinnerung und Neubeginn in der Psychotherapie, in: Ders. (Hg.), Erinnerung und Neubeginn (s. Anm. 34), 224–238, 231f.

net die Chance, den „Geist der Utopie" (Bloch) wiederzugewinnen.[40] In diesem Sinn verstanden, kann utopisches Denken als eine Form heilsamer Imagination verstanden werden.

In ihren positiven Anteilen waren die Revolutionen in der Menschheitsgeschichte der Versuch, Menschheitsträume und Utopien von einer gerechten Welt zu realisieren. Die gedanklichen Gebäude solcher Bewegungen, vor allem in ehemals schriftlosen Kulturen, haben oft ihren Ausgang im Traum oder in einer Vision eines Anführers, einer Gruppe oder eines Mediums.[41] Sie beziehen sich auf die Zukunft als einer gänzlich anderen Zeit, in der bessere Lebensverhältnisse herrschen werden.[42]

Träume und Visionen sind eine weitere, hochentwickelte Methode, um Heilung herzustellen. Nicht zufällig begegnen sie oft dort, wo ein fremdes, dominantes kulturelles System ein kleineres und schwächeres überlagert und zu zersetzen droht, und können als eine Form des Widerstandes begriffen werden.[43] Ein Beispiel für die bewegende politische Kraft von Träumen ist Martin Luther Kings berühmte Rede „I have a Dream", die er am 28. August 1963 vor dem Lincoln Memorial in Washington gehalten hat. In dieser Rede machte King in visionärer Form auf die Missstände der Lebenssituation der schwarzen Bevölkerung aufmerksam.

Chung Hyun Kyung erregte mit ihrem Beitrag auf der Vollversammlung des Weltkirchenrates in Canberra 1991 weltweites Aufsehen. In ritualisierten Tänzen und visionären Imaginationen verband sie christlich feministisch postkoloniale Gedanken mit spirituellen Praktiken aus anderen Religionen wie dem Schamanismus und Buddhismus, um auf das Leiden des koreanischen Volkes und von Frauen und Männern in Geschichte und Gegenwart aufmerksam zu machen.[44]

---

[40] Ebd., 232.

[41] N. A. Stephenson, Gais Nein zu Apels Appell. Eine millenarische Mythe als Text der Erinnerung und des Neubeginns bei den Wam in der East Srepik Province von Papua Neuguinea, in: Küchenhoff (Hg.), Erinnerung (s. Anm. 34), 183–207, 185.

[42] Ebd., 205.

[43] Ebd., 183.

[44] H. K. Chung, Schamanin im Bauch – Christin im Kopf. Frauen Asiens im Aufbruch, Stuttgart 1992, 17–30. Vgl. dazu auch das gleichnamige Video des ÖRK.

8. Mystik

Das „Nein" zur bestehenden gegenwärtigen Welt verbunden mit der Sehnsucht nach einer besseren Welt kann zur Mystik der Erfahrung G'ttes führen. Mystische Frömmigkeit findet sich in allen Religionen sowie in unterschiedlichsten Formen von Spiritualität.

Für Dorothee Sölle ist Spiritualität nur unter Einbeziehung der sozialen Realität und des Widerstandes gegen ihre unterdrückenden Formen möglich. Mystik als Resümee ihres Nachdenkens über Gott ist für sie der Weg zu einem befreiten Leben. Für sie gibt es viele „Orte" mystischer Erfahrung: Natur, Erotik, Leiden, Gemeinschaft und Freude. Im Anschluss an die Quäker und „in schöner mystischer Übertreibung" formuliert sie, was realistisch allen offensteht: „grenzenlos glücklich – absolut furchtlos – immer in Schwierigkeiten." Sie gehörte zu den Menschen, die das „stille Geschrei", dass G'tt ist, hörte und hörbar machte „als die Musik der Welt, die den Kosmos und die Seele auch heute erfüllt"[45]. Der „mystische Traum", der sich auf die Einheit des Lebens und der Liebe bezieht, ist für Sölle die zukünftige Gestalt der Religion, selbst wenn die Hoffnung, ihn jetzt zu leben, sich nur bei bewussten Minderheiten findet.[46]

Im Anschluss an Sölle besteht meine Vision von Spiritualität für das 21. Jahrhundert darin, in Erinnerung an befreiende christliche Traditionen, Imaginationen und Mystik in liebender Verbundenheit zu allem Lebendigen mit Gerechtigkeit zu verbinden. Dazu gehört: Geschlechtergerechtigkeit, die auch Transsexualität und unterschiedliche Formen des Begehrens einschließt, soziale und ökonomische Gerechtigkeit, ethnische Gleichberechtigung, Ökologie und der Respekt vor anderen religiösen Einstellungen.

---

[45] D. Sölle, Mystik und Widerstand, München 1999, 370.

[46] Ebd. Weniger politisch finden sich ähnliche Gedanken auch in erfolgreichen Büchern zur Spiritualität wie Gott 9.0: „Gehe den Weg der Mystik. Wer diesen Weg geht, taucht ein in die beglückende Wirklichkeit des unsichtbaren Gottes, der sich auftut im Grund der eigenen Seele" (M. Küstenmacher/T. Haberer/W. Tiki Küstenmacher, Gott 9.0. Wohin unsere Gesellschaft spirituell wachsen wird, Gütersloh 2010, 290).

II.
„Abrahamitische Religionen"
Monotheistische Spiritualität und dekonstruktive Wiederentdeckung des Religiösen

„Back to the Roots"

Für eine neujüdische Spiritualität

Michael Wolffsohn

Oft ist das Judentum totgesagt worden. Es blieb lebendig, obwohl Millionen Juden mit ihrem Leben bezahlen mussten. Dafür? Seit der Spätantike (auch vorher? Darüber ließe sich wissenschaftlich streiten) und bis zur Säkularisierung ja. Juden und Judentum hätten nicht trotz, sondern wegen des Antisemitismus überlebt. Der habe die Juden überhaupt erst zu einer Gemeinschaft zusammengeschweißt. So eine (die?) gern gehegte und von Jean-Paul Sartre modernisierte Legende zum jüdischen Überleben.[1] Sie ist schon deshalb falsch, weil vor der Säkularisierung, im (für Juden und Christen) religiösen Zeitalter die Religion einer und für Juden *der* entscheidende Bindungs- und Bildungsfaktor war.

Wie für Christen und Christentum bedeutete für Juden und Judentum die Säkularisierung eine, *die* fundamentale Herausforderung. Nicht nur durch rationalistische Fundamentalisten, sondern mindestens ebenso sehr durch den (inzwischen) Hauptstrom der religiös Indifferenten.

Vor der „Endlösung" schien, nein, stand das westeuropäische, allen voran das deutsche Judentum vor der (Selbst-)Auflösung als Selbst-Auslöschung durch religiöse Gleichgültigkeit, Mischehen, Gemeindeaustritte und Taufen bzw. Konversionen. Von ca. 1800 bis 1933 hatten sich rund 80 bis 90 Prozent der deutschen Juden vom Judentum abgewandt. Das sind, wohlgemerkt, empirisch-repräsentative Zahlen.[2]

Das bedeutet: Der sechsmillionenfache Judenmord („Holocaust") war für das moderne, weitgehend assimilierte und akkulturierte, in jeder Hinsicht an die nichtjüdische Umwelt angepasste Judentum,

---

[1] J.-P. Sarte, Réflexions sur la question juive, Paris 1944.

[2] Vgl. M. Wolffsohn/T. Brechenmacher, Deutschland jüdisch Heimatland. Die Geschichte der deutschen Juden vom Kaiserreich bis heute, München 2008, mit diversen Belegen und Kommentaren.

das nicht selten das nichtjüdische Säkularisationsoriginal übertraf, eine doppelte Katastrophe: Zum einen die Katastrophe (Hebräisch „Schoah") schlechthin, die physische Liquidierung. Zum anderen wurden die meisten der sechs Millionen Juden für etwas ermordet, das ihnen nichts (mehr) bedeutete: ihr Judentum.

Nach der Doppel-Schoah gab es, wieder empirisch-repräsentativ ermittelt, anfänglich eine sanfte, keineswegs dramatische Rückbesinnung auf das Jüdische.[3] Sie wurde – was Wunder! – dadurch erschwert, dass die all- und altbekannte Frage nach der Theodizee im Allgemeinen und erst recht bezogen auf den Holocaust gestellt wurde: „Wo war Gott in Auschwitz?" Die meisten Antworten lauteten etwa: Es gab ihn nicht, es gibt ihn nicht. Und wenn es ihn gab/gibt, möchte ich mit so einem Gott nichts zu tun haben. Ein Gott, der so etwas zulässt, ist nicht mein Gott.

Weltlich betrachtet, leuchten diese Antworten ein. Sie bewegen sich jedoch jenseits traditionell jüdischer Spiritualität. Dieser zufolge ist, grob vereinfacht, Gott nicht für die Menschen „da", sondern die Menschen für Gott. „Gottesdienst" sei die Aufgabe der Menschen: *„Avoda" = Arbeit = Arbeit für Gott = Dienst für Gott = Gottesdienst.*

Dieser zunächst aufwühlende, ja, abstoßende Gedanke wird zu vertiefen sein. So viel vorweg: Dem (Ab-)Schrecken wird (wahrscheinlich) Verständnis und (Hoch-?)Achtung folgen.

Außerhalb Israels, in der „Diaspora" gilt gegenwärtig – vereinfacht – dieser Befund: Ungefähr die Hälfte der Juden identifiziert, interessiert, organisiert oder engagiert sich irgendwie für, religiös oder weltlich, wie auch immer, meist subjektiv und jenseits der Halacha (Religionsgesetz) definiert, Jüdisches.[4] Ein guter Indikator ist der „Mischehen"-Anteil. In den USA beträgt er rund 50 Prozent, in Deutschland ist er weit höher.[5]

In Israel ist das Bild anders: Dort sind die Religiösen auf dem Vormarsch. Je nach Indikator verstehen sich heute 30 bis 40 Prozent der jüdischen Israelis als „religiös".[6] Der Vormarsch der religiösen Israelis ist auch demografisch zu erklären. Es gilt die Aussage: Je religiöser,

---

[3] Ebd.

[4] Daten für Deutschland, ebd.

[5] Vgl. dazu die diversen Bände des Statistischen Jahrbuchs der Bundesrepublik Deutschland.

[6] Angaben bei: M. Wolffsohn, Israel, Wiesbaden ^{7}2007; Leverkusen ^{8}2013.

desto mehr Kinder. Gegenwärtig hat ein orthodox-jüdisches Ehepaar im Durchschnitt (!) 7,9 Kinder.[7] Der Gegensatz zwischen religiösen und nichtreligiösen Juden droht die jüdische Gesellschaft des jüdischen Staates zu zerreißen. Doch wie kann der jüdische Staat jüdisch sein, wenn er verweltlicht, also nicht mehr jüdisch ist? Doch bedeutet „jüdisch" in Israel nur orthodox oder nationalreligiös, nicht „konservativ" oder „liberal" bzw. reformjüdisch? Gibt es (noch) einen gemeinsamen Nenner zwischen diesen Ausprägungen des israelisch Jüdischen?

In der Diaspora sind höchstens zehn Prozent orthodox, eher weniger. Wie jüdisch werden die restlichen 90 % und ihre Nachfahren bleiben, wenn sie nicht religiös jüdisch sind? Was ist an ihnen noch jüdisch, wenn sich ihr Judentum auf den jüdischen Sportklub, jüdische Singletreffen oder die rein formale Mitgliedschaft in einer jüdischen Gemeinde beschränkt? Das ist mehr und mehr die Wirklichkeit des nichtreligiösen Diasporajudentums.

Vielleicht ist nicht das Judentum krisengeschüttelt – „die Juden" sind es. Ohne eine *neujüdische Spiritualität* kann diese Krise nicht überwunden werden. Die Traditionelle bindet nicht mehr genügend Juden an sich, die Neue wird Altes und Neues verbinden müssen. Andernfalls schafft die Mehrheit der Juden, was Hitler nicht vermochte: Die „Endlösung der Judenfrage". Er hätte nur warten müssen, der Prozess westeuropäisch-deutsch-jüdischer Auflösung war voll im Gange. Jahrzehnte nach der „Endlösung" erleben wir einerseits die erneute, selbstbestimmte religiöse Auflösung der jüdischen Mehrheit und andererseits die Fundamentalisierung der wachsenden Minderheit. Diese Entwicklung ist sowohl in Israel als auch in der Diaspora zu beobachten.

Was ist „Spiritualität"?

Eine umfassende Definition von „Spiritualität" kann hier weder angeboten noch diskutiert werden.

Dies sei meine operationale Begriffsbestimmung: Geistig-geistliches, also religiöses Verständnis ist Gegenstand von „Spiritualität",

[7] Angaben in: Wolffsohn, Israel 2013 (s. Anm. 6).

abgeleitet aus dem Lateinischen „spiritus“ = Atem, Geist. Nicht nur das Christentum kennt das Heilige des Geistes bzw. den Heiligen Geist. Zu Beginn der Schöpfungsgeschichte (Genesis 1,1, zweiter Satz) lesen wir: „Ruach elohim rochefet al pnei haaretz“. *Ruach elohim* = Geist Gottes = Heiliger Geist. Diese geistig-geistlich-religiös verstandene Spiritualität ist folglich sowohl jüdisch (weil alttestamentlich) als auch christlich.[8]

Spiritualität kann subjektiv und objektiv sein. Die subjektive ist individuell beschreibbar, doch – versteht sich – nicht allgemein definierbar. Eine objektive Spiritualität zu definieren, führte uns zur allbekannten, immerwichtigen Objektivitätsdebatte der Sozialwissenschaften – also konkret thematisch nicht weiter. Ich begnüge mich daher mit der (sicher unvollständigen) Aufzählung und Begründung von Teilen bzw. Elementen (neu)jüdischer Spiritualität, die ich für objektivierbar (nicht „objektiv“), also Anderen nachvollziehbar, halte.

Ich wähle dabei drei analytische Schwerpunkte, die ich normativ-subjektiv zu erläutern versuche.

1) Theologie
2) Ethnologie
3) Geografie, Meteorologie, Ökonomie

Folgende Grundtatsache gilt: *„Das“ oder „ein“ Judentum gab und gibt es nicht.* Von dominanten Strömungen sei die Rede. Doch wer oder was ist jüdisch dominant? Gilt die größte Zahl? Dann ist es gegenwärtig, durch das Großgewicht der US-Juden, das Reform- bzw. Liberale Judentum. Gilt das traditionelle Ansehen? Dann ist es die (wiederum in sich durchaus vielfältige) Orthodoxie. Gilt das politische Gewicht in Israel und damit – religiös – auch in der Diaspora? Dann ist es ebenfalls die Orthodoxie.

1. Theologie

Das Judentum habe keine Theologie, wird oft, auch von geistlichen Juden, behauptet. Das klingt gut, ist aber falsch.

---

[8] Vgl. dazu M. Wolffsohn, Juden und Christen, Düsseldorf 2008, 101ff.

Es gibt IHN, Gott, den einen, *einzigen Gott.* Das ist ein jüdisch religiöses Axiom, das Axiom. Das Axiom als Glaube und natürlich nicht als Wissen, doch, um nicht nur emotional, sondern auch „rational glauben“ zu können, erklärten z. B. die talmudischen Rabbinen und andere die Existenz Gottes mit erzählten Bildern, etwa in den „Midraschim“, ihren vor allem das Alte Testament erklärenden Erzählbildern. Das häufigste, bekannteste und beliebteste ist das Bild vom Baumeister: Wie es kein Haus ohne Baumeister gebe, so sei auch die Welt, das Universum, ohne einen, nämlich den Einen und Einzigen, also Gott, undenkbar. Das soll „keine Theologie“ sein?

Wo ist Gott? Ist Gott? Diesen Menschheitsfragen muss sich das Judentum, wie jede Religion, täglich erneut stellen – und sie beantworten. Die Orthodoxie stellt sie, anders als vor 2.000 bis 1.500 Jahren die Talmud-Rabbiner meistens nicht mehr. Sie setzt Gottes Sein voraus. Glücklich, wer ungebrochen glauben kann. Doch auch die Mehrheit der Juden kann es nicht mehr. Es bedarf keiner spirituell jüdischen Revolution, um mit dieser religiösen Urfrage zu ringen. Eine Rückbesinnung auf die talmudischen Wurzeln würde reichen, und wie im Talmud müsste kontrovers gedacht, gesprochen, geschrieben werden. Pluralität, nicht orthodoxe Uniformität.

Zentral bleibt auch die Beschäftigung – Bestätigung oder Widerlegung – mit den 13 Glaubensartikeln des *Maimonides* („Rambam“; gestorben 1204). Man findet sie in jedem jüdischen Gebetbuch („Sidur“). Sie gehen weit über das Baumeister-Bild hinaus, sind jedoch im 21. Jahrhundert ebenfalls alles andere als selbstverständlich – es sei denn, man verzichtet auf die Verbindung aus Glauben und Vernunft.

Artikel 1 des Maimonides: Er ist „vollkommen überzeugt, dass der Schöpfer, gelobt sei sein Name, alle Geschöpfe erschafft und führt, dass er alleine alle Werke vollbracht hat, vollbringt und vollbringen wird.“

Schwere Kost, denn genau diese vollkommene Überzeugung fehlt dem „modernen Menschen“ – jedenfalls wohl meistens den meisten. Zitieren reicht nicht mehr, rationalisieren ist nötig.

Artikel 2 beginnt, wie alle Artikel mit seiner vollkommenen Überzeugung – an der es „uns“ gerade fehlt. Hier glaubt Maimonides (er weiß eben nicht), dass der Schöpfer „einzig“ sei, gewesen sei und sein werde. Also vor der Schöpfung, während und ewig; Vergangenheit, Gegenwart, Zukunft.

Ketzerische Fragen im Sinne einer aufgeklärten Spiritualität, die Geistig-Rationales mit Geistlich-Religiösem vereinen, stellen sich. Warum ist im Alten Testament von Adonai die Rede, einem Pluralwort? Übersetzt wird es immer mit „Mein Herr“. Das ist falsch. Dann hieße es „Adoni“, von *Adon* = Herr und *Adoni* = mein Herr. Adonai ist grammatikalisch eindeutig Plural, also meine Herren. Etwa meine Götter, nicht nur mein einziger Gott?

Gewiss, wir kennen Pluralwörter mit Singularinhalt. Eindeutig ist der Singular bei der Gottesbezeichnung JHWH, und im Wort „Elohim“ haben wir für Gott wieder einen Plural: *el* = Gott, Singular; *elohim* = eigentlich Götter, also Plural.

Worte stellen zunächst und vor allem Wirklichkeiten (des Denkens und Sehens) dar. „Im Anfang“ muss es demnach auch im Judentum eine plurale Gottesvorstellung gegeben haben. Im Laufe der Zeit setzte sich die Ein-Gott-Vorstellung durch, und aus „Meine Herren“ = Götter wurde „Mein Herr“, der Einzige Gott. Dass und wie heftig innerjüdisch um den Monotheismus gerungen wurde, dokumentieren die alttestamentlichen Texte eindeutig. Man muss sie nur richtig, historisch verstehen – als Darstellung dieser durchaus auch blutigen, nochmals: innerjüdischen Auseinandersetzungen.

Muss das zu einer Revolution, gar Liquidation jüdischer Spiritualität führen? Keineswegs. Denn die *sprachliche Pluralität des Einen Gottes* (sofern es ihn gibt – wer weiß es wirklich?) muss nicht Vielgötterei bedeuten. Im Gegenteil. Sie kann auch, jenseits des historischen Prozesses zum theologischen Kern des Monotheismus führen: Dass nämlich der Eine Gott ist – einer, einzig und zugleich vieles, ja, alles ist. Sozusagen alle Götter in einem sowohl personalistisch als auch abstrakt gedanklich. Dann wiederum wäre/gäbe es auch gar keine so scharfe Trennung zwischen Mono- und Polytheismus. Das ist keine Ketzerei, sondern historisch-theologische Wirklichkeit, die Göttlichkeit in keiner Weise schrumpfen lässt. Kann man „heute“ darüber anders denken und reden als so, das heißt: offen; Fragen stellend, ringend und nicht alles glaubend „wissen“, was unmöglich ist? Man kann sich hinter dem Begriff des Wunders verschanzen oder dem Allerweltssatz „Gottes Wege sind unerforschlich“. Gewiss, sie sind so ungewiss, wie es ihn gibt. Man (wer ist das?) hofft, dass es ihn gibt. Oder nicht? Wenn er denn denkt, denkt „der moderne Mensch" auch über Gott nach – wenn er ihn überhaupt sucht.

Der Pluralität des Gottesbegriffes entspricht die Vielfalt seiner Eigenschaften. Übrigens auch im Islam, der Allah (also demselben Gott der Juden und Christen) 99 Eigenschaften zuweist. In der jüdischen Erzählung, dem Alten Testament, hat Gott diese und auch jene, ganz entgegengesetzte Eigenschaft: Er ist zum Beispiel als Schöpfer des Universums allmächtig, aber er ist auch ohnmächtig, wenn „Seinem Volk" kollektiv (wie die Fron in Ägypten) oder jemandem (wie Hiob) aus seinem Volk individuell Schreckliches widerfährt. In der Hiob-Erzählung schrumpft Gott zu Satans Marionette und wird geradezu abstoßend unmoralisch, indem er dem schuldlosen Hiob, im grundlosen Teufelsspiel, einen Schicksalsschlag nach dem anderen antut.

Auch die Gesamtheit der Geschlechter kennt das alte Judentum, wenn es von Gott in der weiblichen Form als „Schechina" spricht. Recht besehen ist der hebräische Endbuchstabe von Gott als JHWH (das „hei") ebenfalls eine weibliche Endung. Allerdings kommt JHWH von „Jahu" (JHW).[9] Der große Judaist Peter Schäfer hat über „Weibliche Gottesbilder im Judentum und Christentum" ein höchst empfehlenswertes Buch geschrieben und (auch) diesbezüglich jüdisch-christliche Gemeinsamkeiten aufgezeigt.[10]

Wenn (auch) der jüdische Ein-und-Einzig-Gott alles und zugleich das Gegenteil von allem ist, kann er sowohl eins als auch drei oder vier, fünf und so weiter sein. Die Dreiheit der göttlichen Einheit ist eine Chiffre, die auch das Judentum kennt, wenngleich es von den meisten jüdischen Geistlichen und lesenden jüdischen Analphabeten (es gibt sogar viele) bestritten wird – was nichts an der Faktizität und Belegbarkeit der These ändert, womit wir bei der Trinität wären – der Heiligen Dreieinigkeit: Vater – Sohn – Heiliger Geist.

Zur jüdischen Spiritualität und Intellektualität im 21. Jahrhundert gehört daher die Einsicht, dass auch das Judentum seit jeher diese Einheit der Dreiheit kennt. Das zu erkennen, erleichtert auch den sachlichen Dialog zwischen Juden und Christen; recht besehen auch zwischen Muslimen, Juden und Christen, doch das gehört nicht zu unserem Thema.

---

9 P. Schäfer, Weibliche Gottesbilder im Judentum und Christentum, Frankfurt a. M. 2008, 15.

10 Schäfer, Weibliche Gottesbilder (s. Anm. 9).

Gott als Vater der Menschen – das ist ein auch im Judentum wohlbekanntes Bild. Eines der jüdischen Hauptgebete – verfasst vom legendären Rabbi Akiva, der 135 u. Z. von den Römern im jüdischen Aufstand ermordet wurde, heißt *Awinu malkenu,* „Unser Vater, Unser König". Eindeutiger kann kein Bild sein: Jeder Mensch ist Gottes Kind, also ist jeder Sohn Gottes Sohn, jede Tochter Gottes Tochter. Als ganz und gar unjüdisch, „exklusiv christlich", gilt die Vorstellung vom Heiligen Geist. Auf diesen Irrtum habe ich eingangs hingewiesen.

Fazit: Die Vorstellung von der Heiligen Dreieinigkeit verbindet Juden und Christen, sie trennt sie nicht. Die Juden müssen im 21. Jahrhundert keine Christen werden (und umgekehrt!), Gläubige beider Religionen sollten jedoch wissen, was – und wie viel sie wo gemeinsam haben – und was nicht. Weshalb sollte dieses Wissen den jeweiligen Glauben schwächen? Er würde gestärkt – durch Wissen. Wer dieses Wissen verhindern will, schwächt seine Religion im 21. Jahrhundert.

Gott ist im Judentum also vieldimensional. Ebenso der Mensch, denn der Mensch ist „Ebenbild Gottes" *(zelem elohim)* und als *Ebenbild Gottes,* wie Gott, vielschichtig: Gut und böse, sanft und zornig, gerecht und ungerecht, rein und unrein etc. Selbst die Großen der Großen waren nicht nur „koscher", vielmehr Menschen mit Verfehlungen, teils flotte Sünder: die Stammväter und Stammmütter; um sich selbst zu schützen, waren Abraham und Issac bereit, ihre Frauen, Sara und Rebekka, dem jeweils Mächtigen zu geben. Moses hatte seinen Sohn nicht beschnitten. Wussten das die sich 2012 in der deutschen Beschneidungsdebatte zu Wort meldenden Juden? Wohl nicht, sonst hätten sie vorsichtiger argumentiert. Bei Jeremias 4,4 hätten sie gelesen: „Beschneidet euch für den Herrn und entfernt die Vorhaut eures Herzens, ihr Leute von Juda und ihr Einwohner Jerusalems." Aufs Heute übertragen: Die meisten (nicht nur in Deutschland lebenden) Juden bzw. jüdischen Männer sind, obwohl beschnitten, „Unbeschnittene geworden", ohne jüdisches Herz, ohne jüdischen Geist, nur mit dem Gesetz, fernab vom Geist des Gesetzes. Vor rund 2000 Jahren hatte der Jude Paulus, der „Christenapostel", seinen jüdischen Zeitgenossen das Jeremiaszitat, leicht abgewandelt, entgegengeschleudert (1 Kor 7,19): „Es kommt nicht darauf an, beschnitten oder unbeschnitten zu sein, sondern darauf, die Gebote Gottes zu halten.“ Wäre das keine geeignete Basis für ein verständnisvolles und kenntnisreiches Gespräch zwischen Juden und Christen?

Zurück zu biblisch-jüdischen Sündern, über die wir – erneut unerwartet – Brücken zwischen Juden und Christen, also hoffentlich eine offenere jüdische Spiritualität im 21. Jahrhundert entdecken: König David hatte mehrere Ehen gebrochen, und trotzdem soll ausgerechnet aus seinem „Haus“ der Messias stammen, übrigens auch Jesus. Unumwunden breiten die Erzählungen des Alten Testaments diese Erzählungen von „Gott und der Welt“ und den Menschen vor uns aus. *Wir sind wie Gott, und Gott ist wie wir.* Diese moderne Bibelsicht muss nicht erfunden, sondern wiedergefunden werden. Durch die jüdische und christliche Orthodoxie ist sie verloren gegangen.

Maimonides' *Artikel 3* muss auch mit dem Wissen und Wollen des 21. Jahrhunderts gelesen werden. „Ich bin vollkommen überzeugt, dass der Schöpfer, gelobt sei sein Name, kein Körper ist“.

Maimonides/Rambam „lobt“ bzw. preist den Namen des Schöpfers, ohne ihn zu kennen und zu nennen. Moses fragt Gott bekanntlich in Exodus 3,14 nach seinem Namen. Den nennt Gott nicht. Hat er einen? Gott gibt (s)eine Seinsbeschreibung. In der Übersetzung der Einheitsübersetzung lautet sie: „Ich bin der ‚ich-bin-da‘.“ Das ist falsch, zumindest irreführend. Anders Buber/Rosenzweig: „Ich werde dasein, als der ich dasein werde.“ Wir kennen jedes Wort, verstehen aber zunächst so viel (= wenig) wie Chinesisch. Gemeint ist dies: *Gott ist.* Aber – ein aufschlussreicher Zeitbegriff – eine Gegenwart gibt es nicht, denn der jetzige Augenblick ist sofort der vorherige, und vor diesem gab es viele andere Augenblicke. Ergo: Gott war seit jeher, und er wird in der Zukunft immer, also ewig sein. Er wird da sein. „Da“ im örtlichen Sinne, also überall, doch ohne konkrete Ortsangabe.

Zugleich signalisieren Buber und Rosenzweig mit dieser, jawohl, genialen Übersetzung den hebräischen Sinn: Gott ist, es gibt ihn, sein Sein und sein Dasein. Für Atheisten, auch jüdischer Herkunft, ist dieser Glaube absurd. Doch so wenig wie Buber, Rosenzweig und andere ihren Glauben beweisen können, gelingt der Beweis des Unglaubens. Gläubige und Ungläubige werden einander respektieren müssen, wenn sie sich ernst nehmen wollen, „denn sie wissen nicht, was“ sie wissen wollen und vorgeben zu wissen. Beide glauben. Die einen an den Glauben, die anderen an den Unglauben. *Echte Spiritualität im 21. Jahrhundert (sowie davor und danach) kann nur gebrochen sein* – ohne dem Relativismus zu verfallen, denn Gläubigen und Ungläubigen gilt gleichermaßen der ethische Kern jüdisch-christlicher Traditionen, ohne die Bürger- und Menschenrechte weder denk- noch machbar geworden wären.

Wenn Gott „kein Körper ist“, kann man ihn auch nicht bildlich darstellen. Das Erste der Zehn Gebote ist somit konsequent. Konsequenter als die christlich-abendländische Bildtradition – einerseits. Andererseits haben wir ihr große Kunstwerke – und leider auch die meistens kaum zu ertragenden Kitschbilder diverser Kinderbibeln und Kultbilder zu verdanken. Jüdisch sei die Wort-, nicht die Bildtradition, hören wir oft. Von wegen. Läse oder übersetzte man das Erste Gebot richtig, verstünde man, dass nicht vom Gottesbild die Rede ist, sondern vom Götzenbild.

Kein Bild von ihm? (1. Gebot) Falsch: Kein Götzenbild! Wörtlich gibt es demnach kein jüdisches Bilderverbot. Folglich gab es bis ins späte elfte Jahrhundert sehr wohl sehr schöne jüdische Bild- und Bibelkunst. Diese Tradition brach im 13. Jahrhundert ab. Daher das Defizit – nicht Verbot! – jüdischer Bildkunst.[11] Der Abbruchgrund ist schnell erklärt. Seit dem zwölften Jahrhundert wurden Juden heftiger als zuvor verfolgt. Wer verfolgt wird, muss oft fliehen, und wer flieht, schafft selten (große) Bilder oder Skulpturen, von monumentalen, kunstvollen Gebäuden ganz zu schweigen.

Altneue jüdische Spiritualität kann, sogar biblisch belegt, wieder bildhaft sein – und muss nicht immer nur der Monotonie des Davidsterns (der ursprünglich kein jüdisches Symbol war; erst Hitler machte es dazu)[12] oder des sieben- und neunarmigen Leuchters frönen.

„Auf der Suche nach“ einer bzw. der neujüdischen Spiritualität im 21. Jahrhundert müssen wir nicht alle 13 Glaubensartikel Maimonides’ begutachten. An *Artikel 8* kommen wir nicht vorbei: „Ich bin vollkommen überzeugt, dass die ganze Lehre, die sich jetzt in unse-

---

[11] Vgl. dazu Wolffsohn, Juden und Christen (s. Anm. 8), Kapitel 8; Ders., Sollen wir uns wirklich kein Bild machen?, in: FAZ vom 6.2.2013.

[12] Vgl. G. Sholem, Das Davidschild. Geschichte eines Symbols, Frankfurt a. M. 2010.

ren Händen befindet, unserem Lehrer Mosche, Friede sei mit ihm, übergeben worden ist."

Mit anderen Worten: Rambam ist von der Richtigkeit im Sinne der Wortwörtlichkeit und Göttlichkeit der Thora (Pentateuch, Fünf Bücher Mose) durchdrungen. Die göttliche Wortwörtlichkeit der Thora ist nach 200 Jahren Bibelforschung ganz einfach nicht mehr aufrechtzuerhalten. Die Orthodoxie versucht es. Das ist absurd und kontrafaktisch. So sehr, dass darüber nicht ernsthaft diskutiert werden kann. Hier schließen Wissen und Glauben einander kategorisch aus.

Dabei muss man, kann man „modern" die Bibel (Altes und Neues Testament) so lesen und dann verstehen, wie sie von den „Alten", ihren Verfassern, gedacht und gemeint war: Gemäß der antiken Erzählweise und -kunst baut die Bibel um das jeweils Gewordene oder Gewollte eine Geschichte – viele Geschichten. Diese Geschichten sind aber keine Geschichte, sie wollen es gar nicht sein. Sie geben gar nicht vor zu berichten, „wie es gewesen" sei. Nichtreligiöse orientieren sich an den „Metamorphosen" Ovids oder an Vergils „Aeneis". Ovid und Vergil wussten sehr wohl, dass das von ihnen Erzählte sich nie so wortwörtlich abgespielt hatte. Gleiches gilt für die Verfasser der Bibel. Sollten ausgerechnet literarische Großmeister wie sie nicht gewusst haben, dass eine Frau von 90 Jahren (Sara) genauso wenig ein Kind zur Welt bringen könne wie eine Jungfrau (Maria)? Die Bibelautoren wollten Groß-Großartig-Grandios-Göttliches erzählen, und dafür wählten sie bewusst die Form des Ungewöhnlich-Wundersam-Unmöglichen, Chiffren. Wollen/müssen wir unsere meisterlichen Vorfahren (ohne die es uns weder biologisch noch theologisch-intellektuell gäbe) aufklären, „wie das geht"? Absurd. Die Welt hat nicht durch uns oder mit uns angefangen. Sie wird nach und ohne uns nicht enden. Neue Spiritualität fußt auf der Alten und kann sie wissend (!) respektieren, verehren und weiterentwickeln, denn auch die Alten haben die noch Älteren variiert und korrigiert. Die Wortwörtlichkeit biblischer Texte bedeutet ihre Versteinerung und Dogmatisierung. Das will die Orthodoxie, weil sie nicht nur glauben (kann?) und nicht auch wissen will.

Auch unsere großen und größten Lehrmeister, wie Maimonides, müssen und können wir nicht wortwörtlich verstehen, zum Beispiel *Artikel 11.* „Ich bin vollkommen überzeugt, dass der Schöpfer, gelobt sei sein Name, denen Gutes erweist, die seine Gebote hüten und diejenigen bestraft, die seine Gebote übertreten.“ Maimonides’ individuelles Schicksal und das seines Volkes, zu seinen Lebzeiten und danach, lässt abweichende Rückschlüsse zu. Mühelos findet man zum Beispiel in der alttestamentlichen Weisheitsliteratur gegenteilige Aussagen. Zum Beispiel Kohelet 8,14: „Es gibt Gerechte, denen ergeht es wie jenen, die Unrecht tun, und es gibt Frevler, denen es ergeht wie jenen, die Gerechtes tun. Ich sah, auch dies ist Hauch.“

Erst Hü, dann Hott? Nur, wenn wir punkt- oder satzbezogene Wortwörtlichkeit, Eindimensionalität, nicht Pluralität der Aussagen über „Gott und die Welt“ voraussetzen. Genau Letzteres ist die Botschaft des Alten Testaments. Stets das Sowohl-als-Auch. Vieldimensional, plural – wie Gott, so der Mensch, so das Sein und Dasein. Eine solche Rückführung von Maimonides zu den biblischen Wurzeln ist systemisch ebenso legitim wie notwendig. Die Orthodoxie wird widersprechen. Nun gut. Sie kennt das Alte Testament bestens. Versteht sie es? Die Mehrheit der Juden kann und will weder sie noch Gott so verstehen. Sie kann sich aufs vermeintlich Göttliche eher verlassen und berufen als auf die Orthodoxie. In ihr findet man Menschen. Gott wurde dort noch nicht gesichtet. Nicht einmal sie selbst würde das Gegenteil behaupten.

Jenseits der Wortwörtlichkeit hat Maimonides’ in Artikel 11 vorgetragene Überzeugung einen tieferen, sehr tiefen Sinn. Er führt zum Kern des traditionell und auch künftig hochaktuellen jüdischen Verständnisses von Religion. *Im Mittelpunkt steht nicht die Reflexion über Gott und die Welt, sondern die Aktion für Gott.* Die „Avoda“ (Arbeit), der Dienst für Gott, der Gottesdienst. Gottesdienst nicht nur (freilich auch) im synagogalen Gebet, sondern im Alltag, überall und immer. Ja, diese Avoda ist harte Arbeit, ist religiöse Praxis, kein theo-„logisches“ Spekulieren. Diese Praxis, diese Arbeit, dieser Gottesdienst, ist der Weg zu Gott, auf dem der Mensch, als Ebenbild Gottes, doch nicht zum Gott wird.[13]

Dieser Weg ist die „Halacha“ (von hebräisch *lalechet* = gehen). Hier, auf dem Weg des Religionsgesetzes, der Gebote, geht, findet der Mensch zu Gott. Eine Sünde *(cheth)* ist folglich im Hebräischen keine Sünde, sondern, im Sinne der Wortwurzel, ein „Abweichen“ vom Weg, ein Verfehlen des Weges. Wer abweicht („sündigt“), kann

[13] Vgl. E. Fromm, Ihr werdet sein wie Gott, München 1982 (Erstausgabe 1966).

den Weg zurückfinden: durch Rückkehr und Umkehr, wörtlich übersetzt „durch Rückkehr umkehren“. Wohin? Zum rechten Weg, zur Halacha.

Der Kreis schließt sich. So gesehen ist Gott sehr wohl für den Menschen da – indem der Mensch durch seinen Dienst an und für Gott auf dem Weg zu Gott, also zum Besten ist. Für diesen Weg braucht der Mensch, wie modern er auch sein mag, keine Institution(en), wie eine Gemeinde oder eine Synagoge, er braucht nur einen Weg, das Gesetz, die Halacha. Wir könnten Maimonides nun durchaus wörtlich verstehen: Wer den Weg der jüdischen Gebote geht, findet letztlich direkt – ohne einen Vermittler wie zum Beispiel Jesus als Christus – zum nichtpersonalistischen, nicht körperlichen, zum Prinzip Gott, das ihm insofern Gutes erweist, als er das Richtige „tut“ und deshalb guten Gewissens vor sich selbst bestehen kann. Ob dieser Weg in der Wortwörtlichkeit der Gesetze zu finden ist, steht auf einem anderen Blatt.

Womit die Frage aufkommt: Was ist das Gesetz? Noch wichtiger: Was will das Gesetz? Entscheidet der Buchstabe oder der Geist des Gesetzes? Wie bei jedem Gesetz ist der Geist des Gesetzes der Geist, Wille und Wunsch des Gesetzesinterpreten. Manche Juristen lieben den Schein der Gesetzeseindeutigkeit. Ein frommer, eher selbstrechtfertigender Wunsch, übertragen in den Rechtsalltag.

Wie bei weltlichen Gesetzesinterpretationen gibt es bei religiösen enge und weite Auslegungen, konservative oder liberale, partikulare oder universale. Im traditionellen, rabbinisch-talmudischen Judentum kann man diese Gegensätze („Dichotomien“) mit Personen verbinden: Hillel, den sanften, liberalen Universalisten (ein unmittelbarer geistig-geistlicher Vorfahre – gar Lehrer? – von Jesus), und Schamai, den harschen, konservativen Partikularisten. Talmudisch obsiegte die Schule Hillels, in der heute etablierten Orthodoxie Schamai. Das kann langfristig nur zur Versteinerung der jüdischen Religion und der Abkehr der Mehrheits-Juden vom Judentum führen.

Maimonides' *Artikel 13* gilt dem religiösen Urthema: Leben und Tod. „Ich bin vollkommen überzeugt, dass die Auferstehung der Toten sein wird [...]. Auf deine Hilfe hoffe ich, Ewiger!“

Nicht alle jüdischen Strömungen waren von der Auferstehung überzeugt. Die Sadduzäer, die einstige Tempelaristokratie, lehnte diese Vorstellung kategorisch ab. Die Pharisäer glaubten daran. Sie setzten sich im zweiten vorchristlichen Jahrhundert durch, und die (von der Pharisäerquelle geprägten) Talmudisten, sowie Christen, übernahmen sie.

In dieser pharisäisch-talmudischen Tradition steht Maimonides. Er bietet Trost und Sicherheit, denn er ist von der Auferstehung „vollkommen überzeugt". Zugleich hofft er, ist also alles andere als „vollkommen überzeugt". Wie ehrlich. Nur in dieser Brechung, in dieser *Spannung aus Glauben und Hoffen* kann Religion, jüdisch oder nichtjüdisch, den religiös gebrochenen modernen Menschen an sich binden oder wiedergewinnen. Und wieder muss das religiöse Rad nicht neu erfunden, sondern nur wiedergefunden werden. Wenn das Judentum, wie in Israel und in Deutschland das evangelische Christentum, politische Themen fokussiert, vollzieht es religiöse Selbstaufgabe, blickt allein auf die Erde, auf teils Höllisches, und verliert den Himmel aus den Augen.

Ein Wesensmerkmal jüdischer Spiritualität ist von höchster Aktualität und modern politisch gesellschaftlicher Attraktivität: Die konsequent kritische Distanz zu jedweder weltlich politischen Autorität. Die Königsbücher und -chroniken des Alten Testaments sind alles andere als Hof- und Jubeldichtung. Das gilt sogar für David und Salomon. Wer diese Texte liest, versteht und danach handelt, ist – hier sei das abgegriffene Wort erlaubt – „mündiger Bürger".

Jene programmierte Autoritätskritik kann man trotz vieler Mängel israelischer Innen- und Außenpolitik in der quicklebendigen Demokratie Israels beobachten, in der Diaspora, nicht zuletzt in Deutschland hapert es daran. Die meisten jüdischen Institutionen, allen voran die etablierten Gemeinden, sind zur geistig-geistlichen Neugeburt unfähig und unwillig. Sie zertreten winzige Sprösslinge systematisch, die weltlichen Aktivisten sind meistens zerstritten, suchen und finden nicht selten rechtsfreie Räume, und die Orthodoxie ist tonangebend. Die Folge: Die Zahl der Gemeindeaustritte steigt „wie bei den anderen Völkern" (hebräisch: *kechol hagojim*), also alles jüdisch-christliche Gemeinsamkeiten.

Toleranter Bürger ist, wer nach Levitikus 19,18 handelt. „Du sollst deinen Nächsten lieben wie dich selbst", verlangte dieser Text lange vor Jesus' Bergpredigt. Das Gebot von Levitikus 19,34 sollte Wegweiser innerisraelischer Araberpolitik sowie deutscher und globaler Ausländer-, auch Minderheitenpolitik sein: „Der Fremde, der sich bei euch aufhält, soll euch wie ein Einheimischer gelten, und du sollst ihn lieben wie dich selbst." Dieser Text, diese Ethik kann nicht veralten, sie ist ewig gültig.

Die folgenden Punkte jüdischer Spiritualität seien nur stichwortartig vorgestellt.

2. Ethnologie

Der jüdische Religions- und Volksbegriff (Theologie und Ethnologie), Individuum und Kollektiv sind im Judentum, von, für, durch Juden eigentlich nicht voneinander zu trennen. Bezeichnenderweise beginnt das jüdische Hauptgebet mit diesen Worten aus dem Alten Testament „Höre, Israel" („Schema ISRAEL").

Auch im „18er-Gebet" sind individuelles Wohl des Juden und kollektives Gemeinwohl der Juden verflochten. Die Gedankenkette geht so: Wenn „Israel" Gottes Gesetze und Gebote einhalte, dann, und nur dann, gehe es Israels Leuten und dem Land Israel gut. Nur dann vollende sich die Harmonie von Theologie, Ökonomie durch angemessene Meteorologie und Geografie. Diese ethnologische Dimension des Judentums ist, sagen wir, nicht unproblematisch in unserer Zeit. Ich wage die Prognose, dass sie – und damit auch die jüdische (Diaspora-)Gemeinschaft als Gemeinschaft – zunehmend zerbröseln wird.

Eine weitere Schwäche jüdischer Spiritualität ist auch sozusagen ethnologisch: Viele (die meisten?) Gebete, auch das „18er-Gebet", gelten dem jüdischen Kollektiv, weniger dem Einzelnen. Im Zeitalter der Individualisierung und dadurch Atomisierung der Gesellschaft vermindert dieses Strukturmerkmal jüdischer Spiritualität deren Attraktivität.

Diese Einschätzung gilt auch bezüglich vieler abgrenzender Rituale, deren Hauptzweck (Funktion) darin besteht, Juden von Nichtjuden abzugrenzen, zu trennen. Man denke an die Speisegebote oder auch die Beschneidung (die heute allerdings z. B. in den USA so etwas wie Gemeingut wurde). Wenn man es Herrn A und Frau B erschwert oder verhindert, dass sie zusammen speisen, erreicht man leichter ihre Trennung von Tisch und Bett. Letzteres soll, quasi als Notbremse, die Beschneidung erreichen. „Wie alle Völker zu sein", galt und gilt nach traditionell jüdischer Spiritualität als Schreckensvorstellung. Heute dürfte diese Schreckensvorstellung ihrerseits viele

Juden vom Judentum abschrecken. Diese Abgrenzungsethnologie und -theologie wird sich als Bumerang erweisen. Der *Exodus der Juden vom Judentum* ist auch – nicht nur – deshalb voll im Gange.

Dabei könnte die ethnozentrische, partikularistisch jüdische Theologie durchaus traditionell – jüdisch überwunden werden: Durch eine Rückbesinnung auf die universalistische Botschaft der Propheten oder den Bund Gottes mit Noah, einen Bund des Schöpfers mit den Menschen, der Menschheit. Gottes Bund mit Abraham galt Abraham und den Juden. Diesem Bund ist in Genesis der Noahidische Bund vorangestellt. Bemerkenswert. Oder etwa nicht?

Auch die dominant traditionelle Ablehnung der „Mischehen" ist biblisch schwer zu rechtfertigen, wenngleich orthodoxe Rabbiner das heute nicht gerne hören. Nicht kennen? Die jüdischen Stammmütter Sara, Rebekka, Rachel und Lea stammten aus dem nichtjüdischen Mesopotamien. Sie waren zunächst eindeutig keine Jüdinnen. Auch nicht die Ägypterin Osnat, Josephs Frau, Jakobs Schwiegertochter; auch nicht Moses' Frauen Zippora und Kuschit (=Äthiopierin oder Schwarze). War Abrahams zweite Frau, Ketura, Jüdin? Davon ist keine Rede.

3. Geografie, Meteorologie, Ökonomie

Jüdische Theologie ist Geografie, die Geografie „Israels". Kann das Land, kann der Staat Israel dauerhaft diejenigen Juden ans Judentum binden, die zwar für Israel täglich beten, auch für Regen (Meteorologie) im Heiligen Land und dadurch für gute Ernten (Ökonomie), die aber nicht im (Alb?)Traum daran denken, in Israel zu leben? Das wird nicht gut gehen, das wird nicht lange, sicher nicht ewig währen. Zwei weitgehend voneinander getrennte Judentümer werden entstehen: das eine in Israel, das andere in der Diaspora. Hier wie dort wird es eine kleiner werdende Mehrheit von Nenn-Juden und eine wachsende Minderheit orthodoxer Juden geben; nicht neoorthodoxer, sondern altorthodoxer, total versteinerter, aber politisch sowie sozial aktiver Juden.

Judentum am Scheideweg …

Die Spiritualität im Islam als Mittelweg

Al-Gazali als Wegweiser einer islamisch getönten Spiritualität im öffentlichen Leben Europas

Merdan Güneş

„Wir haben die Kinder Adams mit Würde erschaffen, haben sie über Land und Meer getragen, sie mit Gütern versorgt und sie vielen Geschöpfen vorgezogen.“[1]

1. Die Schöpfungsgeschichte im Koran

Will man eine Antwort auf die Frage geben, welche Spiritualität Europa im 21. Jahrhundert braucht, ist es sehr aufschlussreich, die Schöpfungsgeschichte im Koran zu betrachten. Diese Geschichte bietet uns eine Grundlage, um den Menschen in seiner Ganzheit zu erkennen. In ihren Grundzügen ähnelt sie der biblischen Vorstellung[2], weicht aber in einigen Punkten, wie der Erbsünde oder Evas Rolle bei der Vertreibung aus dem Paradies, doch davon ab. Bei Betrachtung dieser Schöpfungsgeschichte sind einige Aspekte für das Verständnis von Spiritualität von besonderer Bedeutung. Gott steht zum Beispiel in ständigem Dialog mit seinen Geschöpfen, den Engeln, Menschen und *iblis* (Satan). Er redet mit ihnen, er fragt sie Dinge, die der allwissende Gott natürlich selbst weiß, und wendet damit eine dialogisch-erzieherische Methode an, die seiner Eigenschaft als *rabb*[3] gerecht wird. In seinem Schöpfungsplan sieht er den Menschen als seinen Statthalter vor. Im weiteren Verlauf des Dialogs erfahren wir aber auch, dass der Mensch auch eine dunkle Seite hat.

---

[1] Koran 17:70.

[2] Vgl. J. Roß, Die Verteidigung des Menschen. Warum Gott gebraucht wird, Bonn 2012, 30.

[3] *rabb* hat mehrere Bedeutungen wie Herr, Herrscher, Schöpfer, Erhalter, aber auch Erzieher. Der Begriff Erziehung *(tarbiya)* wird in der arabischen Sprache von *rabb* abgeleitet. Gott ist gleichzeitig der Erziehende.

Die Geschichte fängt damit an, dass Gott den Engeln sagt, er möchte einen „Statthalter auf Erden"[4] einsetzen. Die Engel sind skeptisch und meinen, solche Wesen würden „Unheil stiften und Blut vergießen", während sie selbst unentwegt Gott preisen.[5] Hier wird die Frage beantwortet, warum Gott, der schon seine Engelscharen um sich hat, die ihm völlig untergeben sind, ein anderes Wesen erschafft. Die Engel stellen ihm diese Frage. Gott antwortet: „Ich weiß, was ihr nicht wisst."[6] Der *Hinweis auf Wissen und Nichtwissen* spiegelt sich auch im nächsten Vers wider und hierin findet sich die Antwort auf die Frage der Engel. Dieser Vers erzählt uns, dass Gott Adam die Namen der Dinge lehrt.[7] Er wendet sich an die Engel, zeigt ihnen dieselben Dinge, die er vorher Adam gezeigt, und die dieser gelernt hat, und fragt die Engel nach den Namen, „wenn ihr im Recht seid".[8]

Die Fähigkeit des Menschen also, die Dinge zu benennen und zu verstehen, Zusammenhänge zu erkennen, Unterschiede und Gemeinsamkeiten auszumachen, und in letzter Instanz kritisch denken zu können, hebt ihn von allen anderen Geschöpfen ab. Er kann eigene Entscheidungen bewusst und in Freiheit fällen. Allah zwingt den Menschen nicht zum Gehorsam, sondern er macht ihm ein Angebot und der Mensch nimmt dieses Angebot mit seinem freien Willen an. Dieser Umstand wird im Koran wie folgt geschildert:

> „Und als dein Herr aus den Kindern Adams – aus ihren Lenden – ihre Nachkommenschaft hervorbrachte und sie zu Zeugen gegen sich selbst machte (, indem Er sprach): ‚Bin Ich nicht euer Herr?', sagten sie: ‚Doch, wir bezeugen es.' (Dies ist so,) damit ihr nicht am Tage der Auferstehung sprecht: ‚Siehe, wir wussten nichts davon.'"[9]

Als Folge dieser Entscheidungsfreiheit ist der Mensch jedoch für sein Handeln Gott und Seiner gesamten Schöpfung gegenüber verantwortlich.[10] Die Engel, die diese Entscheidungsfreiheit nicht haben,

---

[4] Koran 2:30.
[5] Ebd.
[6] Ebd.
[7] Ebd.
[8] Koran 2:31.
[9] Koran 7:172.
[10] Vgl. A. İzzetbegoviç, Doğu ve Batı Arasında İslam, İstanbul 2008, 279.

antworten auf die Aufforderung Gottes, die Namen der Dinge zu benennen, dass sie kein Wissen haben, außer dem, was Gott sie gelehrt hat. Aus diesem Grund ist es der Mensch, der als Statthalter Gottes in Frage kommt. Im Koran wird deutlich ausgesagt, warum der Mensch erschaffen wurde: „Und Ich habe die Djinn und die Menschen nur dazu erschaffen, damit sie Mir dienen.“[11] Um Gott zu dienen muss man zuerst sich selbst, seinen Schöpfer, und alle Geschöpfe Gottes in ihren Beziehungen zueinander kennen. Der Prophet sagt dazu: „Wer sich selbst kennt, kennt seinen Herrn.“[12] Der Sinn des Lebens liegt nach al-Ġazālī (1058–1111) in der Selbsterkenntnis: „Es gibt nichts, was dir näher wäre, als du selbst. Wenn du dich aber selbst nicht kennst, wie willst du dann andere kennen?“[13]

Gott fragt Adam, und dieser vermag es, die Namen zu nennen. Danach spricht Gott: „Habe Ich euch nicht gesagt: Ich weiß die Geheimnisse der Himmel und der Erde, und Ich weiß, was ihr offenbart und was ihr verhehlt?“[14] Als er daraufhin von den Engeln verlangt, sich vor Adam niederzuwerfen, folgen alle seinem Befehl, bis auf Iblis, der sich aus Hochmut nicht niederwirft.[15] Als Begründung führt Iblis auf, dass er aus Feuer erschaffen wurde und sich nicht vor einem Geschöpf niederwirft, das aus Lehm geschaffen wurde.[16] Iblis verfällt aber einem Irrtum. Er denkt nicht daran oder anscheinend will er nicht wissen, dass Gott dem Menschen von seiner Seele eingehaucht hat, und der Mensch aus Körper und Seele besteht. Ein Teil ist irdisch, der andere göttlich. Wenn man den Menschen würdigt, würdigt man gleichermaßen seinen Schöpfer.

Gott lässt Adam und Eva in sein Paradies, gestattet ihnen, aus dem Garten zu essen und dort zu verweilen. Er stellt nur eine Bedingung: „Aber naht euch nicht diesem Baum, sonst gehört ihr zu den

---

[11] Koran 51:56.

[12] A. H. al-Ġazālī, Das Elixier der Glückseligkeit. Aus dem Persischen und Arabischen übertragen von H. Ritter, München 1996, 35; M. Iqbals erklärt diesen ḥadīṯ wie folgt: „Erkenne deine Begrenzungen, schätze deine Fähigkeiten ein, und dein Erfolg im Leben ist gesichert.“ M. Iqbal, Persischer Psalter, hg. v. L. Schneider und P. Bachem, Köln 1968, 145. Dieser von den Sufis sehr oft zitierte ḥadīṯ erinnert an das Orakel von Delphi: „Erkenne dich selbst“.

[13] al-Ġazālī, Das Elixier, 35.

[14] Koran 2:31.

[15] Koran 2:34.

[16] Koran 7:12.

Frevlern!"[17] Satan verführt die beiden (und nicht etwa nur Eva), indem er ihnen einredet: „Euer Herr hat euch diesen Baum nur deshalb verboten, damit ihr nicht Engel werdet oder Ewiglebende."[18] Hier beleuchtet der Koran ein seltsames Paradox in der Natur des Menschen. Denn Adam ist es ja gewesen, vor dem sich die Engel niederwerfen mussten. Trotzdem lassen sich Adam und Eva von diesen Argumenten überreden. Der Mensch will ewig leben. Als die ersten zwei Menschen nun von dem Baum essen, werden sie sich ihrer Scham bewusst und versuchen sie mit den Blättern des Gartens zu verhüllen.[19] Es liegt in der Natur des Menschen seine Scham zu verhüllen und zeugt in diesem Fall auch von seiner Fähigkeit, dank seines Verstandes gut von böse zu unterscheiden[20] und sich an neue Umstände anzupassen.

Gottes Handlung auf den ersten menschlichen Fehltritt hin ist bemerkenswert, obwohl doch auf den ersten Blick unscheinbar. Gott fragt einfach, was so offensichtlich ist – „Habe Ich euch nicht diesen Baum verwehrt und euch gesagt: ‚Wahrlich, Satan ist euch ein offenkundiger Feind'?"[21] Adam und Eva bitten ihn um Verzeihung und geloben Besserung.[22] Gott aber spricht: „Hinab mit euch; die einen von euch sind den anderen feind. Und es sei euch auf der Erde ein Aufenthaltsort und eine Versorgung auf Zeit."[23] Hier beginnt die *Reise zur Vervollkommnung des Menschen,* und ab diesem Moment wendet Gott sich nicht mehr nur an Adam und Eva, sondern richtet das Wort an alle Menschen:

> „O Kinder Adams, Wir gaben euch Kleidung, eure Scham zu bedecken, und zum Schmuck; doch das Kleid der Frömmigkeit *(taqwā)*[24] – das ist das Beste. Dies ist eins der Zeichen Allahs, auf

---

[17] Koran 7:19.

[18] Koran 7:20.

[19] Koran 7:22.

[20] Nach der Bibel aßen Adam und Eva vom Baum der Erkenntnis des Guten und Bösen. Dadurch erfuhr der Mensch, was gut und böse ist (Gen 3,5).

[21] Koran 7:22; 36:60.

[22] Koran 7:23; 2:37.

[23] Koran 7:24.

[24] Dieser Begriff ist vielleicht die wichtigste Bezeichnung, die im Koran häufig für die Spiritualität verwendet wird. *taqwā* wird meist mit „Gottesfurcht" übersetzt. Damit ist eine spirituelle Furcht gemeint, die aus Gottesliebe entspringt und die vor allem eine Furcht vor einer Ferne von Gott bezeichnet. Aus diesem Grund

dass sie (dessen) eingedenk sein mögen. O Kinder Adams, lasst Satan euch nicht verführen, wie er eure Eltern aus dem Garten vertrieb, ihnen ihre Kleidung raubend, auf dass er ihnen ihre Scham zeigte. Wahrlich, er sieht euch, er und seine Schar, von wo ihr sie nicht seht. Denn siehe, Wir haben die Teufel zu Freunden derer gemacht, die nicht glauben."[25]

Schon die eigenen Kinder Adams, Abel und Kain, müssen erleben, was es heißen kann, wenn man den Ratschlägen und Anweisungen Gottes nicht folgt. Kain tötet seinen Bruder Abel aus Neid, weil Gott das Opfer von Abel annimmt, nicht aber das des Kain. Er wird wütend darüber und nimmt seinem Bruder das Leben.[26] Als Abel die Absicht seines Bruders spürt, verzichtet er hingegen auf Gewalt gegen seinen Bruder.[27] Abel ist der Prototyp für den guten Menschen, Kain für den bösen, der auf der Erde Unheil stiftet und Blut vergießt. Seine Tat stellt gleichzeitig auch die erste Bluttat in der Menschheitsgeschichte dar. Allah hebt in demselben Zusammenhang die Würde des Menschen hervor und stellt die Ermordung eines Menschen mit der Ermordung der gesamten Menschheit gleich, sagt aber zugleich: „und wer einem, den der Tod bedroht, zum Leben verhilft, der hat gleichsam der gesamten Menschheit zum Leben verholfen."[28]

2. Koran und Sunna als Quellen der Spiritualität

Wie in der Einleitung angekündigt stellt der Koran den primären Quelltext dieses Artikels dar. Islamische Spiritualität bezieht sich immer auf den Koran, islamische Frömmigkeit erklärt sich als das koranische Verständnis vom Islam, in der Geschichte und auch heute. Als einige Muslime Muhammads Frau Aischa nach dessen Charaktereigenschaften fragten, antwortete sie überrascht von der Frage, ob

---

wird der Begriff in dieser Arbeit mit „Frömmigkeit" übersetzt. Allah sagt im Koran (2:197): „Sorgt für den Jüngsten Tag vor und wisst, dass die beste Vorsorge die Frömmigkeit *(taqwā)* ist! So fürchtet Mich, o ihr, die ihr vernünftig seid!"

[25] Koran 7:26–27.

[26] Gen 4,1–8.

[27] Koran 5:27–30.

[28] Koran 5:32.

sie den Koran nicht lesen würden. Als sie das bejahten, erwiderte sie, sein Charakter war genauso wie der Koran selbst. Das bedeutet, er war *ein lebender Koran.* Interessanterweise wird gerade auch Jesus im Koran als Wort Gottes (*kalimatuh*[29]) bezeichnet. Auch Mohammed zufolge spielt das asketische Leben Jesu eine wichtige Rolle als Vorbild und Referenzquelle, und findet besonderen Einklang in den spirituellen asketischen Richtungen der islamischen Mystik.[30]

Die Spiritualität im Islam bzw. der Sufismus werden allgemeinhin als Koranisierung des Lebens beschrieben. In diesem Sinne ist der Koran der erste und wichtigste Anhaltspunkt, jedwede islamische Fragen oder Phänomene zu erklären. Das gilt nicht nur für Fragen der islamischen Spiritualität, sondern für alle islamischen Disziplinen und Wissenschaften wie der Theologie *(kalām),* der Glaubenslehre *(ʿaqīda)* oder dem islamischen Recht *(fiqh).* Khoury hat diese Tatsache folgendermaßen formuliert: „Das heilige Buch des Islam bleibt der Dreh- und Angelpunkt der islamischen Kultur bis zum heutigen Tage."[31] Um den Koran richtig zu verstehen und in die Praxis umzusetzen, braucht man jedoch einen Lehrer. Der Prophet Muhammad ist daher die zweite Quelle. Wie die anderen Gesandten auch ist Muhammad ein Vorbild[32] für die Gläubigen. Er stellt den gemeinsamen Bezugspunkt in ihrem Leben dar. Er verkörpert den vollkommenen Menschen *(al-insān al-kāmil).*[33] Deswegen stellen seine Handlungen, Worte und

---

[29] Koran 3:45; 4:171.

[30] Vgl. O. H. Schumann, Der Christus der Muslime – Christologische Aspekte in der arabisch-islamischen Literatur, Gütersloh 1975, 107; al-Ġazālī, Die Kostbare Perle im Wissen des Jenseits *(ad-Durra al-fāḫira fī kašf al-ʿulūm al-āḫira),* Kandern 2003, 96f.

[31] R. G. Khoury, Politik und Religion im Islam. Die Probleme in der modernen Zeit und der Beitrag der Reformen, in: W. Schreckenberger (Hg.), Staat und Religion. Der moderne Staat im Rahmen kultureller und religiöser Lebenselemente, Berlin 2006, 40.

[32] Koran 33:21: „In dem Gesandten Allahs habt ihr wirklich ein schönes Beispiel für jeden, der auf Allah und den Jüngsten Tag hofft und oft Allahs gedenkt."

[33] A. Schimmel schreibt: „Der vollkommene Mensch ist in der Theosophie Ibn ʿArabīs das Wesen, in dem sich alle göttlichen Attribute widerspiegeln und das den Mikrokosmos in sich trägt. Muhammad ist dieser vollkommene Mensch"; vgl. A. Schimmel, Und Muhammad ist Sein Prophet. Die Verehrung des Propheten in der islamischen Frömmigkeit, Köln/Düsseldorf 1981, 8, 116, 118.

Billigungen eine weitere Grundlage für die islamische Spiritualität dar, die als *sunna*[34] bezeichnet wird.

3. Spiritualität als persönliche Einstellung und Mittelweg

Wenn man von islamischer Spiritualität redet, muss beachtet werden, dass es neben der allgemeinen in der Orthodoxie gelehrten Form, die im Alltag umgesetzt werden soll und die aus einem ganzheitlichen Verständnis von Religion und der Religiosität herrührt, noch eine speziellere Form gibt, die sich historisch begründet, zweifelsfrei aber eine etablierte Stellung im Islam einnimmt: der Sufismus *(taṣawwuf)*. Die erstgenannte Form umfasst Spiritualität in allen Lebenslagen des Menschen, sie schlägt sich nicht nur in festgelegten Gebeten und rituellen Handlungen nieder, sondern auch in grundlegenden menschlichen Bedürfnissen. Vom Schlaf zum Essen, von der Familie zur Arbeit, von zwischenmenschlichen Beziehungen zur Freizeit können sämtliche Lebenslagen zu spirituellen Akten werden, wenn sie von spirituellen Motiven, aus *taqwā, iḥsān* oder *iḫlāṣ* oder gar nur von einer reinen Absicht *(niyya)* herrühren.[35] Dazu sagt der Prophet: „Die Taten sind entsprechend den Absichten, und jedem Menschen steht wahrlich das zu, was er beabsichtigt hat."[36] Die zweite Form, der Sufismus, geht noch darüber hinaus und entwickelt eigene Methoden und Techniken, um diese koranische innere Haltung zu erlangen und zu halten.

Der Islam versteht sich nicht als eine Religion, die erst mit Muhammad anfängt, sondern als Fortsetzung der abrahamitischen Religionen Judentum und Christentum.[37] Die göttliche Botschaft von Adam bis Muhammad war im Kern immer gleich und wird im

---

[34] Sunna als Wort hat Bedeutungen wie Art, Methode, Weg, Verhalten, Gesetz. Es besitzt also den Bedeutungsumfang der Traditionen und Bräuche einer Gemeinschaft.

[35] Die Aufrichtigkeit *(iḫlāṣ)* und gute Absicht *(niyya)* sind unverzichtbare Voraussetzungen für die Gültigkeit einer Tat vor Gott. Vgl. an-Nawawī, Abu Zakariya Yaḥyā, Riyāḍ aṣ-ṣāliḥīn. Gärten der Tugendhaften, München 1999, 8f.; A. Falaturi, Der Islam im Dialog, Hamburg 1996, 40.

[36] Ṣaḥīḥ al-Buḫārī, Muḥammad b. Ismāʿīl al-Buḫārī, Beirut o. J., Hadīt 54.

[37] İ. Kalın, İslam ve Batı, İstanbul 2007, 40.

Koran *Islam* genannt.[38] Im Mittelpunkt der Botschaft steht der *tawhīd*-Glaube.[39] Der Glaube an einen einzigen Schöpfer-Gott ist überhaupt der wichtigste Glaubensgrundsatz im Islam. In diesem Sinne waren alle Propheten Muslime und so nennt der Koran Abraham, Moses oder Jesus als solche. Islam bedeutet wörtlich Hingabe oder Ergebung. Muslim ist daher derjenige, der sich Allahs Willen hingibt. Der Islam definiert sich als Mittelweg zwischen den Extremen. Die muslimische Gesellschaft soll diese Mitte vertreten. Die koranische Bezeichnung dafür ist *ummatan wasatan*[40], die Gemeinschaft der Mitte. Auch die Spiritualität im Islam sollte im Sinne dieses mittleren Wegs verstanden werden.

Ein weiterer Aspekt, der bei der Schöpfungsgeschichte zum Ausdruck kommt, ist die Stellung des Menschen als Krone der Schöpfung.[41] Gott hat ihn als seinen Statthalter in bester Gestalt erschaffen. Er steht als Mikrokosmos im Kern des Universums, das den Makrokosmos darstellt.[42] Die Religionen, die den Kosmos als ein Werk Gottes sehen, teilen sich diese Weltanschauung.[43] Gott hat den Menschen so erschaffen, dass der Mensch göttliche Eigenschaften, die ja im Islam explizit als die 99 schönen Namen genannt werden, in einem bestimmten Maß erlangen kann. Er ist vor allem dazu aufgefordert, diese Eigenschaften zu erstreben. Christentum und Islam sind sich in diesem Punkt einig, setzen aber unterschiedliche Akzente. Während im Christentum der Mensch ausdrücklich als Ebenbild Gottes betrachtet wird, kann dem Koran zufolge „keiner Ihm ebenbürtig“[44] sein. Mit seinen Attributen und Eigenschaften ist Gott einzigartig und kann in keiner Weise mit den Fähigkeiten eines Men-

---

[38] Koran 3:19: „Wahrlich, die (einzige) Religion vor Gott ist der Islam (, die Hingabe an Gott)!“

[39] H. Elik, İnsan Eksenli Din, İstanbul 2011, 13.

[40] Koran 2:143: „Und so haben Wir euch zu einer Gemeinschaft der Mitte gemacht“. Koran 25:67: „Und die, die, wenn sie spenden, weder verschwenderisch noch geizig sind; dazwischen gibt es einen Mittelweg.“

[41] Vgl. Koran 95:4: „Wir erschufen den Menschen in bester Gestalt.“

[42] F. Meier, Die Fawā'iḥ al-Kubrā wa-Fawātiḥ al-Ǧalāl des Naǧm ad-dīn al-Kubrā, Eine Darstellung mystischer Erfahrungen im Islam aus der Zeit um 1200 n. Chr., Wiesbaden 1957, 67; al-Ġazālī, Das Elixier (s. Anm. 12), 68.

[43] B. Uhde, West-östliche Spiritualität. Die Inneren Wege der Weltreligionen, Freiburg i. Br. 2011, 134.

[44] Koran 112:4.

schen, auch wenn dieser noch so vollkommen ist, verglichen werden. Der Bezug des Menschen zur Vollkommenheit seines Schöpfers besteht vielmehr darin, sich ein Beispiel daran zu nehmen und stets auf diesem Weg an sich zu arbeiten. So wie Allah barmherzig gegenüber seinen Geschöpfen ist und die göttliche Handlung auf der Liebe basiert, soll der Gläubige als Statthalter Gottes ebenso aus Liebe handeln. So wie Allah gerecht ist, soll der Mensch nach Gerechtigkeit streben, auch wenn Ideale wie vollkommene Liebe oder vollkommene Gerechtigkeit für das Jenseits vorbehalten sind.

Der Mensch ist mit Würde erschaffen worden, denn er ist das einzige Lebewesen mit der Fähigkeit, Verantwortung für die gesamte Schöpfung zu übernehmen. Nach dem Koran hat Allah alles für den Menschen erschaffen und es ihm zur Verfügung gestellt.[45] Den Menschen wiederum hat Allah als seinen Freund, Ansprechpartner und Geliebten erschaffen.[46] Nur der Mensch hat diesen hohen Rang im Kosmos. Die Würde des Menschen basiert zum einen auf dieser göttlichen Bestimmung. Zum anderen hat Allah den Menschen mit der Fähigkeit ausgestattet, sich aufgrund seiner Vernunft und der ihm gestatteten Freiheit zu entfalten und somit nach Vollkommenheit zu streben. Er hat alle Voraussetzungen, dieser Verantwortung gerecht zu werden. Diese Sachlage wird im Koran in verschiedenen Kontexten mehrfach verdeutlicht, so z. B. in dem Folgenden: „Wir haben den Himmeln, der Erde und den Bergen die Verpflichtungen vorgelegt. Da weigerten sie sich, sie zu tragen und fürchteten sich davor, aber der Mensch trug sie, obwohl er doch höchst ungerecht, höchst unwissend ist."[47] Die in diesem Vers als *al-amāna*[48] bezeichnete Verantwortung übernimmt jedoch der Mensch dank seiner göttlichen Bestimmung. Paradoxerweise beendet Allah diesen Vers mit der Warnung, der Mensch sei ungerecht und unwissend. Diese zwei Eigenschaften und die in einem anderen Vers verdeutlichte Ungeduld[49] des Menschen machen seine negative Seite aus. Spiritualität

---

[45] Koran 36:71–73.

[46] Koran 10:62; 7:196.

[47] Koran 33:72.

[48] *al-amāna* ist im wörtlichen Sinn ein ausgeliehenes Gut, wird auf verschiedene Weisen interpretiert: als Vernunft, als Verantwortung, als Dienerschaft, als Treuhänderamt, als Vertrauenspfand oder als Religion.

[49] Koran 17:11.

im Islam in diesem Sinne bedeutet, den göttlichen Schöpfungsplan zu beachten, der eben das Gute wie das Schlechte im Menschen vorsieht, und sein Hilfsangebot in Gestalt der Gesandten und der Offenbarungsschriften zu akzeptieren.

Die islamische Spiritualität basiert auf der Akzeptanz dieser Mensch-Gott-Beziehung[50] und darauf beruhend auf der Inanspruchnahme der in diesem Kampf angebotenen himmlischen Hilfe. Die Religion darf auf keinen Fall als Last für die Menschen gelten, sondern sollte als Hilfe Gottes betrachtet werden.[51] Damit diese Hilfe in Anspruch genommen werden kann, muss der Mensch wissen, seine Schwächen und Stärken treffend und ohne Übertreibung einzuschätzen. Die Offenbarungen bieten deswegen so derart umfängliche Erklärungen der menschlichen Natur, dass in ihnen ein detailliertes Psychogramm des Menschen, seiner Tugenden und Fehltritte gezeichnet werden kann. Das kommt besonders deutlich in der Sure 91 „Die Sonne" zur Geltung. Gott schwört in sechs Versen auf die Dinge, die er für den Menschen erschaffen hat: auf die Sonne, den Mond, den Tag, die Nacht, den Himmel und die Erde. Im siebten Vers schwört er zuletzt auf die „Seele *(nafs)*[52] und ihre Vollendung" und nennt Sündhaftigkeit *(fuǧūr)* und Frömmigkeit *(taqwā)* als Eingebungen dieser Seele. „Erfolgreich ist derjenige, der sie durch den Glauben und gute Taten läutert. Und versagt hat derjenige, der sie verkommen lässt."[53] Der im Vers verwendete Ausdruck *tazkiya* ist der zentrale Begriff für die islamische Spiritualität. Er bezeichnet die Reinigung des Herzen *(qalb)* bzw. der Seele *(nafs)* von den schlechten Eigenschaften, und die Beschmückung mit guten. Die meisten Gelehrten und Sufis meinen dabei mit *nafs* die krankhaften Eigenschaften und die verwerflichen Charakterzüge und Handlungen des Menschen.[54] Deswegen soll die Aufmerksamkeit ständig

---

[50] Vgl. F. Schuon, Den Islam Verstehen, Bern/München/Wien 2002, 11.

[51] Koran 22:78; vgl. auch 2:185; 5:6.

[52] Das arabische Wort *nafs,* oftmals als „Seele" oder „Geist" übersetzt, bezeichnet nicht nur die Lebensessenz, die jedem lebendigen Wesen innewohnt, sondern auch die persönliche Identität des Lebewesens als solche. Vgl. M. Güneş, al-Ġazālī und der Sufismus, Wiesbaden 2011, 202f.

[53] Koran 91:8–10.

[54] Abū al-Qāsim, ʿAbd al-Karīm b. Hawzān an Nīsābūrī al-Qušayrī, ar-Risāla, Beirut 2003, 86f.; R. Gramlich, Das Sendschreiben al-Qušayrīs über das Sufitum, Wiesbaden 1989, 144.

dem großen *ǧihād*, dem Kampf gegen diese Triebseele gelten, dem Kampf gegen jene Seele, „die das Böse gebietet."[55] Im Laufe dieser seelischen Entwicklung muss der Suchende durch sieben Stadien gehen, bevor seine Persönlichkeit stufenweise zur vollen Entfaltung kommt.[56]

Die muslimische Glaubensbotschaft spricht den Menschen nicht nur auf die Kraft seines Verstands an, sondern auch auf die Kraft seiner inneren Gefühle. Die Liebe zwischen Allah und den Menschen stellt ebenso wie die Pflichterfüllung und Gesetzestreue eine wichtige treibende Kraft der Gottessuche dar. Allah erklärt diese Tatsache im Koran folgendermaßen: „Wenn ihr Allah liebt, dann folgt mir, Er wird euch lieben"[57]. Die emotionale Verbundenheit des Menschen mit Gott ist das Ergebnis eines intensiven Prozesses der inneren Läuterung des Selbst *(tazkiyat an-nafs)*.[58] Schon der Prophet zeigte in seinen intensiven Gebeten und Zeiten des Gedenkens, dass die Anbetung Gottes ihren tieferen Sinn nicht nur in der Verrichtung von äußerlichen Gottesdiensten hat, sondern vor allem in der Reinigung des Herzens. In diesem Sinne sagte er: „Allah blickt weder auf euer äußeres Erscheinungsbild noch auf euren Körper, sondern er blickt in eure Herzen und auf eure Taten"[59]. Die Wendung nach Innen erfolgt nach dem Glaubensprinzip des *iḥsān*, das der Prophet wie folgt definierte: „Dass du Allah dienst, als ob du Ihn sähest. Und wenn du Ihn nicht siehst, so sieht doch Er dich".[60] Hierbei greifen viele Gelehrte auf diesen sogenannten *Ǧibrīl-ḥadīṯ*[61] zurück, in dem der Offenbarungsengel Gabriel dem Gesandten Gottes die drei Dimensio-

---

[55] Koran 12:53.

[56] I. Shah, Die Sufis. Botschaft der Derwische, München 2002, 308; diese sieben Stufen lauten: die *gebieterisch-einflüsternde nafs, die verklagende nafs, die inspirierte nafs, die befriedete nafs, die erfüllte (von Gott zufriedene) nafs, die erfüllende (von Gott zufriedengestellte) nafs und die geläuterte und vollendete nafs.* Über diese Phasen der (Trieb-)Seele gelangt man zur Endphase der seelischen Entwicklung, nämlich der Vollkommenheit. Vgl. Güneş, al-Ġazālī und der Sufismus (s. Anm. 52), 204f.

[57] Koran 3:31.

[58] Vgl. Koran 2:151.

[59] Ṣaḥīḥ Muslim, Muslim ibn Haǧǧāǧ, hg. v. Muḥammad Fu'ād ʿAbd al-Bāqī, Kairo 1955–56, ḥadīṯ 2564.

[60] Ṣaḥīḥ al-Buḫārī, ḥadīṯ 50.

[61] Ṣaḥīḥ Muslim (s. Anm. 59), ḥadīṯ 5–7.

nen des Islam aufzählt: *islam, īmān* und *iḥsan.*[62] Basierend auf diesem *ḥadīṯ* kam es in der islamischen Lehre zu folgender Unterteilung: Die spekulative Theologie *(kalam)* beschäftigte sich mit dem *īmān* (der Glaube), das islamische Recht mit dem *islam* (das Gesetz) und der Sufismus mit dem *iḥsān* (der spirituelle Weg).[63]

Allah erklärt die Religion als Rechtleitung.[64] Der Mensch ist nicht in der Lage, ohne diese Rechtleitung und nur mit Hilfe seines Verstandes seine menschliche Vollkommenheit zu erreichen.[65] Der Mensch kann sich immer mit seinem Schöpfer in Verbindung setzen.[66] Gott hat dem Menschen außer der Vernunft noch eine andere göttliche (intuitive) Fähigkeit gegeben, um das Transzendente wahrzunehmen.[67] Dieses spirituelle Organ wird als Herz oder als inneres Auge *(baṣīra)* bezeichnet. Das innere Auge kann mit der metaphysischen Welt in Kontakt treten: durch dieses intuitive Mittel ist der Mensch fähig, in der Welt des *malakūt*[68] (immaterielle-spirituelle Welt) die Wahrheit zu erkennen, die den Sinnesorganen oder der Vernunft unzugänglich sind. Der Islam als Religion beansprucht, alle Bereiche des Lebens zu gestalten. *Spiritualität soll in allen Bereichen verwirklicht werden.* Im Islam ist die Rede von den verschiedenen Welten. Eine ist die unmittelbare Welt, die im Koran als *dunyā* (diesseitige oder niedrige) Welt genannt wird. Die andere ist die ewig wahre oder lebendige Welt. Trotz dieser Wahrnehmung beurteilt man das Leben eines Gläubigen nicht als religiöses oder welt-

---

[62] *iḥsan* bedeutet wörtlich „das gute Verhalten und Wohltun", aber hier geht es um den inneren Zustand des Herzens eines Gläubigen, wie der Prophet auch in *Ǧibrīl-ḥadīṯ* erklärt. Vgl. Schuon, Den Islam (s. Anm. 50), 14, 167, 171.

[63] Vgl. S. H. Nasr, Young Muslim's Guide to the Modern World, Chicago 2003, 66; Schuon, Den Islam (s. Anm. 50), 14.

[64] Koran 2:1: „Dieses Buch (der Koran) ist Gottes Offenbarung. Daran ist nicht zu zweifeln. Es enthält Rechtleitung für die Frommen."

[65] Koran 76:3: „Wir haben ihm den rechten Weg gewiesen, so wird er entweder dankbar (gläubig) oder undankbar (ungläubig)."

[66] Koran 2:186: „Und wenn Meine Diener dich nach Mir fragen (sprich): ‚Ich bin nahe. Ich antworte dem Gebet des Bittenden, wenn er zu Mir betet.'" Ein anderer Vers (50:16) lautet: „Wir haben den Menschen erschaffen und wissen genau, was er sich in seinem Inneren sagt. Wir sind ihm näher als seine Halsschlagader."

[67] Vgl. Falaturi, Der Islam im Dialog (s. Anm. 35), 40f.

[68] In der islamischen Kosmologie ist die Rede von drei Welten: die irdische *(mulk)*, die geistige *(malakūt)* und die Allmachtswelt *(cabarūt)*. Vgl. al-Ġazālī, Die Kostbare Perle (s. Anm. 30), 11.

liches. Eine pure weltliche (materielle) Handlung kann letztendlich religiös und spirituell wertvoll sein, aber umgekehrt kann auch ein von außen rein spiritueller, religiöser Akt vor Allah als egoistisches Handeln oder als Sünde gesehen werden.[69]

Die Begriffe *taqwā, iḥsān* oder *iḫlāṣ* im Koran bezeichnen die innere Haltung des Herzens und den Motivationsgrund eines Muslims. In dieser Hinsicht sieht der Islam keinen Unterschied zwischen Mann und Frau, reich und arm oder gebildet und ungebildet.[70] Die Spiritualität, die Nähe zu Gott, ist in allen Handlungen möglich. Der aufrichtige Muslim ist mit dem Leib mitten unter den Menschen, mit dem Herzen aber ist er mit Gott. Das ist ein Hauptprinzip von Bahāud-dīn Naqšband: „Die Hand bei der Arbeit, das Herz beim (göttlichen) Freunde.“ *(Dast be-kār, dil be-yār.)*[71] Dieser Zustand ist überall möglich, wenn man eine seelische Reife im Herzen hat. Es gibt aber noch eine spezielle Form von institutionalisierter Spiritualität.

4. Der Sufismus (taṣawwuf)

Als Ausdruck von Weltentsagung und Askese pflegten die ersten Mystiker, ganz schlichte, weiße Wollgewänder *(ṣûf)* zu tragen. Die Bezeichnung *ṣûfī* geht auf diese Gewohnheit der islamischen Mystiker zurück. Auf diese Weise soll eine innere Zuneigung zur materiellen Welt überwunden und eine erfahrbare Nähe zu Gott erlangt werden. Der mystische Islam *(taṣawwuf)* verstand sich immer als Ausgleich zu zunehmenden gesetzestreuen und rationaltheologischen Tendenzen. Während die Mystiker ein solches Wissen über die Inhalte des göttlichen Gesetzes als Wissen über die *šarī ʿa* nannten, suchten sie auf einem geistlichen Pfad *(ṭarīqa)* nach dem tieferen, verborgenen Sinn bzw. nach der „verborgenen Wahrheit“ *(haqīqa)*, um die absolute Nähe bei Gott zu spüren.[72]

---

[69] Vgl. Falaturi, Der Islam im Dialog (s. Anm. 35), 40.

[70] Vgl. Koran 49:13: „Wahrlich, der Angesehenste von euch ist vor Allah der, der unter euch der Frommste ist.“

[71] A. Schimmel, Die Bedeutung der Mystik in der islamischen Kultur, in: Islam. Eine andere Welt?, Heidelberg 2002, 139.

[72] Die christliche Einteilung in *via purgativa, via contemplativa* und *via illumina-*

Al-Ġazālī versteht unter Sufismus nicht den Antagonisten des Verstandes oder der *šarīʿa,* sondern die Bildung des Mittelwegs zwischen diesen Wissenschaften. Verstand und Herz werden bei al-Ġazālī als Einheit gesehen, und aus diesem Grund soll der Mensch das Gleichgewicht zwischen diesen Vermögen herstellen, um die weltliche und jenseitige Glückseligkeit zu erreichen. Naǧm ad-dīn al-Kubrā (gest. 1221) sagte:

> „Die *šarī ʿa* kann man mit einem Schiff, die *ṭarīqa* (Pfad) mit dem Meer und die *ḥaqīqa* (Erkenntnis) mit einer Perle vergleichen. Wer sich auf die Suche nach der Perle begibt, muss zuerst das Schiff besteigen und danach hinaus aufs Meer. Wer dieser Fährte nicht folgt, der kann auch folglich die Perle niemals entdecken."[73]

Mit Hasan al-Basri (642–728) und Rabiʿa al-ʿAdawiyya (717–801) erfuhr die sufistische Strömung einen Wendepunkt. Die Liebe zu Gott stand nun im Mittelpunkt des Denkens und Handelns, nicht die Gottesfurcht.[74] Die Ursache des Daseins und der Schöpfung ist die Liebe.[75] Die islamische Mystik hat sich eigenständig als eine Frömmigkeitsbewegung entwickelt, welche der Gottesliebe den Vorrang vor der Gottesfurcht gab und zu einer Verinnerlichung der Glaubensinhalte führte.[76]

Eines der charakteristischen Merkmale der *ṣūfī*-Lehre war die Theorie von Stationen *(maqāmāt)* und den Zuständen *(aḥwāl).*[77] Im neunten Jahrhundert von Zun-Nūn al-Miṣrī in Ägypten erstmals dargestellt, nahm sie aufgrund der Erfahrung mehrerer Jahrhunder-

---

tiva entspricht in gewisser Weise der islamischen Einteilung in *šarīʿa, ṭarīqa* und *ḥaqīqa.* Vgl. A. Schimmel, Mystische Dimension des Islam, Frankfurt a. M./Leipzig 1995, 148; M. Lings, Alter Glaube und moderner Aberglaube, Kandern 2005, 86f.

[73] N. Kübrâ, Tasavvufî Hayat, hg. v. M. Kara, İstanbul 1980, 18.

[74] Vgl. A. T. Khoury, Der Islam. Sein Glaube, seine Lebensordnung, sein Anspruch, Freiburg i. Br. 1988, 155; Shah, Die Sufis (s. Anm. 56), 223.

[75] A. Takim, Koranexegese im 20. Jahrhundert. Islamische Tradition und neue Ansätze in Süleyman Ateşs „Zeitgenössischem Korankommentar", İstanbul 2007, 123.

[76] Shah, Die Sufis (s. Anm. 56), 223; R. A. Nicholson, The Mystics of Islam, 2002, 3.

[77] G. Anawati, Das Vermächtnis des Islam, hg. v. J. Schacht, und C. E. Bosworth, München 1980, II, 145; M. Eliade, Geschichte der Religiösen Ideen, Darmstadt 2002, III, 131.

te eine beinahe stereotypische Form an.[78] Nach al-Ġazālī sind sämtliche Stationen *(maqāmāt)* aus drei Dingen zusammengesetzt: Wissen, Zustand und Handeln. Dabei wird vorausgesetzt, dass der Sufi von keiner Station zu einer anderen Station aufsteigt, solange er die Erfordernisse seiner Station nicht voll erfüllt hat.[79] Sie verhalten sich zueinander wie Baum, Zweig und Frucht.[80] Die klassische Zahl der Stufen/Stationen wird in fast allen mystischen Traditionen mit sieben angegeben,[81] jedoch ist das im Sufismus nicht streng und einheitlich gegliedert,[82] so dass ihre Anzahl von Meister zu Meister wechselt.[83] Die Endstation des *ṣūfī*-Weges ist die Gottesliebe oder Gotteserkenntnis.[84]

Seit dem 7. Jahrhundert gilt der Sufismus als ein Sammelbegriff für in Orden organisierte spirituelle Strömungen im Islam, deren Mitglieder, die Sufis, regelmäßige Gebetsmeditationen praktizieren. Er hat sich als innere spirituelle Dimension der islamischen Religion etabliert und versteht sich in erster Linie als ein Weg, Frieden zuerst mit sich selbst, dann mit der Gesellschaft und schließlich mit Gott zu erlangen.[85] Eine der Hauptaufgaben der Sufis ist daher, das Herz von allen Unreinheiten und negativen Energien zu befreien. Eines der vielen Rituale bei dieser Aufgabe ist das regelmäßige Erinnerungs-

---

78 Anawati, Das Vermächtnis des Islam (s. Anm. 77), II, 145.

79 al-Qušayrī, ar-Risāla (s. Anm. 54), 56f; ʿAlī b. ʿUṯmān al-Huǧwīrī, Kašf al-maḥǧūb. The oldest persian Treatise on Sufism, London 1967, 181; ʿUmar b. Muḥammad b. ʿAbdullāh as-Suhrawardī, ʿAwārif al-maʿārif, Beirut 2004, 1791; A. Schimmel, Mystische Dimension (s. Anm. 72), 150; R. Hartmann, al-Kuschairis Darstellung des Sufitums, Berlin 1914, 79.

80 Gramlich, Das Sendschreiben (s. Anm. 54), 109.

81 Vgl. Abū Naṣr as-Sarrāǧs, Kitāb al-lumaʿ, Beirut 2001, 40–66; T. Andrae, Islamische Mystik, Stuttgart u. a. 1980, 99.

82 Ebd.

83 Die erste Stufe/Station aber ist immer die Reue *(tawba)*, das Abbrechen der Beziehungen zum früheren Leben und die volle Konzentration auf den neuen Weg. Ihr folgt die Armut *(faqr)* und Verzicht *(zuhd)*, das absolute Gottvertrauen *(tawakkul)*, Geduld *(ṣabr)* und Dankbarkeit *(šukr)*, Furcht *(ḫawf)* und Hoffnung *(raǧā)*. Vgl. Güneş, al-Ġazālī und der Sufismus (s. Anm. 52), 214ff.

84 Schimmel, Bedeutung der Mystik (s. Anm. 71), 123.

85 Schimmel, Sufismus. Eine Einführung in die islamische Mystik, München 2000, 7; R. Garaudy, Verheißung Islam, übersetzt aus dem Französischen von E. Radwan und K. Benswanger, München 1989, 49.

ritual *(dhikr)* an Allah[86], das den geistlichen Aufstieg fördern soll. Menschen, die sich auf diesen Weg der Gotteserfahrung begeben wollen, werden i.d.R. von einem Sufi-Meister angeleitet und begleitet. Bedeutende Mystiker in der Geschichte des Islam sind u. a. Abu Hamid al-Ġazālī (1058–1111), Muhyiddin ibn Arabi (1165–1240) und Dschalal ad-Din Rumi (1207–1273). Al-Ġazālī ist es zu verdanken, dass sich der Sufismus endgültig als wissenschaftliche Disziplin innerhalb der islamischen Wissenschaften etabliert hat.[87] Die erste systematische Abhandlung über den Sufismus ist das *Kitāb al-lumaʿ* von Abū Naṣr as-Sarrāǧ.[88] Dieses auf Arabisch geschriebene Werk diente für alle nachfolgenden Werke als wichtigste Quelle.[89]

5. Fazit

Die Frage, welche Spiritualität es im Europa des 21. Jahrhunderts braucht, hängt eng mit dem Bild zusammen, das die Gesellschaft auf den Menschen projiziert, die Art und Weise, wie sie ihn definiert, die Bedeutung, die sie ihm zuschreibt und damit zusammenhängend die Bedürfnisse, die sie ihm zuerkennt. Diese Frage kann eben nicht nur auf die Perspektive einer bestimmten Epoche beschränkt werden, sondern verlangt nach einer Antwort, die den Menschen und die Menschheitsgeschichte in ihrer Gänze miteinbezieht. Diese Perspektive ist unvollständig, wenn neben den historisch-menschlichen Erfahrungen, nicht auch die Errungenschaften der Religionen in sie aufgenommen werden. Das Ziel dieses Aufsatzes ist es, diesen Blickwinkel aus Sicht des Islams zu vermitteln.

Spiritualität verstanden als Entfaltung der seelischen Bedürfnisse des Menschen ist insofern notwendig, da es ein Korrektiv für eine allzu materialistische und rationale Lebensweise bilden kann und anstelle des alleinigen Funktionierens das Leben mit Sinn füllt und

---

86 Vgl. Koran 13:28: „Diejenigen, die glauben, und deren Herzen im Gedenken Allahs Ruhe finden. Wahrlich, im Gedenken Allahs finden die Herzen Ruhe."

87 Vgl. Schimmel, Mystische Dimensionen (s. Anm. 72), 144.

88 R. Gramlich übersetzte dieses Buch als „Schlaglichter über das Sufitum", Stuttgart 1990.

89 Weitere wichtige Quellen: *Qūt al-qulūb, ar-Risāla al-qušayriyya, Kašf al-maḥǧūb* oder *Iḥyāʾ* von al-Ġazālī.

ein Gleichgewicht zwischen rationalen, körperlichen sowie seelischen Bedürfnissen schaffen kann.[90]

Aus der Aufklärung entstand in Europa die Auffassung über das Verhältnis von Religion und öffentlichem Leben, die heute tonangebend ist. Religion wird dabei als ein individuelles Glaubenssystem aufgefasst, das im Bereich des Privaten anzusiedeln ist. Das Wirken der Religion an Politik, an Wirtschaft, an Gesellschaft, also am öffentlichen Leben im allgemeinen, wird in weiten Teilen der modernen öffentlichen Wahrnehmung als rückständig, offen für Fanatismus und Extremismus und daraus folgend als potenziell gefährlich abgestempelt. Dabei stehen bedauerlicherweise fast ausschließlich die negativen Aspekte im Visier. Die Botschaft des Friedens und der Menschenwürde, die im Wesen der Religionen – und besonders des Islams stehen – wird dabei ausgeblendet.[91]

Der Schlüssel zu einer neu belebten Spiritualität in Europa liegt in der Erkenntnis, dass der Wert, den ein Großteil der Menschen der Religion zuschreibt, ein Wert an sich ist und dass sich im Gedankensystem der Religion zahlreiche Elemente befinden, die Aufschluss über das menschliche Wesen geben. Der Mittelweg, der vom Islam als Harmonie[92] von Geist, Seele und Körper, Vernunft und Offenbarung, Realität und Religiosität, Innerem und Äußerem aufgezeigt wird, bietet durchaus den Rahmen für eine Spiritualität des 21. Jahrhunderts, das ein friedliches Zusammenleben von verschiedenen Kulturen und Religionen ermöglicht. Dieses Lebensmodell bedarf einer ganzheitlichen Kosmologie als Ordnungsrahmen, damit Spiritualität sowohl als Korrektiv als auch als Möglichkeit für die ganzheitliche Erfahrung des Menschseins als Mensch fungieren kann. Ansonsten besteht die Gefahr, dass Spiritualität nur eine Modeerscheinung bleibt.

---

[90] Vgl. M. Asad, Der Weg Nach Mekka, Ostfildern 2011, 105, 130f.

[91] J. L. Esposito, İslam Tehdidi Efsanesi, İstanbul 2002, 414 (engl. The Islamic Threat, Oxford 1999).

[92] Vgl. Asad, Der Weg (s. Anm. 90), 164f., 176f., 184.

„Die schwarze Sonne der Sprache" (M. de Certeau)

Negative Theologie, Spiritualität, Ästhetik

Michael Eckert

Aus dem Labyrinth der heterogenen Verständnisweisen von Spiritualität, die gegenwärtig im Umlauf sind, findet man wohl nur einen Ausweg, wenn man an einer inhaltlichen Bestimmung festhält. Für ein philosophisch-theologisches Erkenntnisinteresse heißt dies zunächst und zuallererst, dass das Problem der Transzendenz, des Absoluten, Göttlichen die Basis einer kritisch konstruktiven Auseinandersetzung mit spirituellen Suchbewegungen der Gegenwart darstellen wird. Interessant erscheint in diesem Zusammenhang, dass in soziologischen Untersuchungen davon geredet wird, mit Spiritualität „zirkuliere", so der Soziologe M. Ebertz, „ein verbaler Platzhalter für die Bezugnahme auf Transzendentes"[1]. Dessen Deutung sei jedoch „amorph", unbestimmbar und unverbindlich geworden und habe sich aus traditionellen Verankerungen gelöst. Demgegenüber scheint es mir sinnvoll, an Traditionsbestände zu erinnern, in denen darum gerungen wurde, für ein Verständnis von Spiritualität an einer Kultur reflexiver Bemühungen um den Gottesgedanken festzuhalten.

In dieser Hinsicht sind *Michel de Certeaus* religionshistorische Studien und Analysen zur Mystik der frühen Neuzeit[2], insbesondere zum 16./17. Jh. überaus aufschlussreich. Im Übergang vom Mittelalter zur Neuzeit sieht er in der Mystik und Spiritualität – beide Begriffe sind für ihn wechselseitig übertragbar – Strukturen vorgebildet, die für eine Einschätzung der „Kulturen und Spiritualitäten"[3] der Gegenwart von diagnostischer Kraft sind. Dabei spiegelt sich in

---

[1] M. N. Ebertz, ‚Spiritualität' im Christentum und darüber hinaus. Soziologische Vermutungen zur Hochkonjunktur eines Begriffs, in: Zeitschrift für Religionswissenschaft 13 (2005), 193–209, 196.

[2] Vor allem: M. de Certeau, La fable mystique, Bd. 1: XVIe–XVIIe siècle, Paris 1982.

[3] M. de Certeau, La faiblesse de croire, hg. u. eingel. v. L. Giard, Paris 1987.

Certeaus historischem Interesse seine Orientierung an Problemstellungen der Gegenwart. D. Bogner hat in seinem Nachwort zu Certeaus *Fable mystique* eindrucksvoll die Aktualität von Certeaus Mystikstudien hervorgehoben:

> „Die Mystik zeigt exemplarisch, wie aus dem religiösen Feld heraus auf die Kluft zwischen religiöser Praxis und religiösem Sinn reagiert wird. Auf dem Boden der religiösen Welt liest die Mystik die herkömmliche Tradition gegen den Strich und unterwandert die institutionelle Praxis. Damit steht sie Pate für jene ‚Wanderungen des Glaubens', die mit fortschreitender Modernisierung dazu geführt haben, dass die religiösen Eingrenzungen oder gar kirchlichen Orte verlassen wurden und sich die Praxis der Sinnsuche auf vollkommen andere Gebiete, etwa in der Pop- und Alltagskultur verlagert hat"[4].

Certeaus Blick auf Mystik und Spiritualität der frühen Neuzeit versteht diese als den kreativ-konstruktiven Versuch, nach dem Zerfall traditionell theologischer Selbstverständlichkeiten einen authentischen Gottesbezug und eine authentische Gottessuche des Menschen wieder neu zu begründen. Certeaus Analysen stellen daher, wie ich zeigen möchte, Unterscheidungen und Kriterien für eine inhaltliche Bestimmung von Spiritualität zur Verfügung, denen man Erkenntniswert für die Entwicklungen in der Gegenwart zuerkennen kann.

Im Folgenden möchte ich zunächst kurz an ein traditionell theologisches Verständnis von Spiritualität erinnern; im Anschluss sollen einige zentrale Merkmale einer soziokulturellen Bestimmung des gegenwärtigen Phänomens der sogenannten „spirituellen Wanderer" (Bochinger) angeführt werden; schließlich sollen, von Certeaus Negativer Theologie[5] her, die Rahmenbedingungen eines Verständnisses von Spiritualität, ihrer Erfahrungsformen und ästhetischen Sprachpraxis aufgenommen werden; die gegenwärtigen Phänomene

---

[4] D. Bogner, Das Religiöse weiter denken. Mystik als heuristische Kompetenz, in: M. de Certeau, Mystische Fabel. Aus dem Französischen von M. Lauble. Mit einem Nachwort von D. Bogner, Frankfurt a. M. 2010, 491–533, 529.

[5] D. Bertrand, La théologie négative de Michel de Certeau, in: Michel de Certeau ou la différence chrétienne. Actes du collogue ‚Michel de Certeau et le christianisme', hg. v. C. Geffré, Paris 1991, 101–129.

spiritueller Suchbewegungen erscheinen schließlich, von der Mystik und Spiritualität der frühen Neuzeit her, in neuem Licht.

1. Theologie und religiöse Erfahrung

Im französischen Sprachraum findet sich die Unterscheidung zwischen „histoire de la spiritualité“ (a) und „théologie de la vie spirituelle“[6] (b). Der Ausdruck von (a) meint die Gesamtheit der historisch veränderbaren religiösen Einstellungen, die den Gegenstand der Religionswissenschaft darstellt. Mit (b) ist jene philosophisch-theologische Reflexion gemeint, die das Erfahrungspotential der Spiritualität mit den Wahrheiten religiös-kirchlicher Tradition zu vermitteln sucht. So hat H. U. v. Balthasar davon geredet, dass sich die

> „ganze persönliche Erfahrung immer sogleich an ein dogmatisches Gewand (schmiegt): alles wird ins Objektive gewendet, die subjektiven Zustände, Erfahrungen, Erschütterungen und Bemühungen sind nur dazu da, den sachlichen Inhalt der Offenbarung tiefer und reicher zu erfassen, zu orchestrieren“[7].

Eine religiös-theologisch geprägte Spiritualität kann, so ist damit gesagt, von der *Vermittlung von fides qua (croyance) und fides quae (foi)* nicht absehen, d. h. spirituell subjektive Erfahrungsformen sind immer als eingebunden zu verstehen in einen allgemeinen theologischen Geltungsrahmen. Der daraus resultierende Spannungsbezug prägt die christliche Spiritualitätsgeschichte. In ihm spiegelt sich der Konflikt zwischen kirchlich-theologischer Gottesrede und sprachlichen Formen individueller religiöser Erfahrungen; diese berufen sich auf ein von offizieller Lehre oft abweichendes erfahrungsmäßiges Erfassen der Gegenwart göttlichen Geheimnisses *(cognitio Dei experimentalis)*. Diesem Konflikt gilt das systematische Erkenntnisinteresse meiner vorliegenden Überlegungen im Blick auf gegenwärtige Manifestationen religiöser Einstellungen und Sinnpotentiale, die sich weithin als „Spiritualität“ verstehen.

---

[6] A. K. Haas, Intellektualität und mystische Spiritualität Europas, in: Ders., Mystik als Aussage, Frankfurt a. M. 1996, 84–110, 93.

[7] H. U. v. Balthasar, Theologie und Heiligkeit, in: Ders., Verbum Caro. Skizzen zur Theologie I, Einsiedeln 1960, 195–225, 205.

2. „Spirituelle Wanderer“

In seinen Analysen einer „Soziologie der Spiritualität“ hat H. Knoblauch von Spiritualität als einem „Leitbegriff in der modernen Gegenwartsreligion“[8] gesprochen, der im Phänomen der sogenannten „spirituellen Wanderer“ seine idealtypische Form findet. Knoblauch versucht für die „Spezifik des Spirituellen“ mehrere Kennzeichen deskriptiv zu erfassen; ich nenne sie stichwortartig:

a) die Erfahrungsorientierung einer aufs Subjekt konzentrierten Religion;
b) den entscheidenden Einfluss kultureller Deutungen für die Legitimation individueller Erfahrungen;
c) die Dimension einer „alternativen Religiosität“[9] im Sinne der Pluralität und Unverbindlichkeit des religiösen Angebots;
d) eine deutliche Tendenz zum Antiinstitutionalismus mit Distanz zur Dogmatik, aber ohne einen „strukturellen Individualismus“[10];
e) die Verbindung der Erfahrungsorientierung mit der Suche nach einer „Ganzheitlichkeit“[11] im Interesse einer „Überwindung der funktionellen Differenzierung in der eigenen Lebenswelt“[12];
f) den immer stärker werdenden Eindruck, Spiritualität entwickle sich zu einem „Alternativbegriff für Religion“[13].

Diese Erscheinungsformen führen wieder zurück auf die eingangs genannten Bestimmungen einer *histoire de la spiritualité.* Zu ihr lassen sich jetzt auch Formen einer soziokulturellen Spiritualität rechnen, die in sozial-kulturwissenschaftlichen Untersuchungen deskriptiv erfasst werden. Gegenüber methodischen Begrenzungen derartig angelegter Untersuchungen wird, von philosophisch-theologischem Denken her, eine inhaltliche Bestimmung von Spiritualität nicht sozialwissenschaftlichen Vorverständnissen von „religiös“ bzw. „spirituell“ folgen wollen. Wenn M. Ebertz den „gemeinsamen Nenner

[8] H. Knoblauch, Einleitung: Soziologie der Spiritualität, in: Zeitschrift für Religionswissenschaft 13 (2005), 123–133, 123.

[9] Ebd., 128.

[10] Ebd., 129.

[11] Ebd.

[12] Ebd.

[13] Ebd., 123.

des Inhalts"[14] *gegenwärtig anzutreffender Phänomenvielfalt von Spiritualität* so beschreibt: „Offenheit und Öffnung des Menschen für das Geheimnis des – rational nicht verrechenbaren – Lebens und einer sich daraus entwickelten verinnerlichten Glaubenshaltung auch in der alltäglichen Lebensführung"[15] – dann wird demgegenüber an der Vermittlung von partikulären Erfahrungen und deren Universalisierung, d. h. allgemeinen Formen ihrer Kommunikabilität festzuhalten sein, sollen sich individuelle Erfahrungen nicht als sektiererisch-gnostisches Privaterlebnis selbst ghettoisieren; läge doch in einem derartig partikulärem Selbstverständnis von Spiritualität zudem der Ansatz zu einem fundamentalistischen Exklusivismus. Genau an diesem Punkt erweist sich das Denken Michel de Certeaus als resistent gegenüber einer Privatisierung von Spiritualität, ohne, wie er an der Mystik der frühen Neuzeit abliest, die subjektive Dimension spiritueller Erfahrungen zu ignorieren.

3. „Was verloren geht, ist die Lesbarkeit des Kosmos als von Gott gesprochener Sprache"[16]

Mit dieser Aussage verweist Certeau auf die Veränderungen der metaphysisch-ontologischen Rahmenbedingungen der geschichtlichen Situation der frühen Neuzeit, in der, wie Rahner es formuliert, der „durchgehende Seins-, Wirkungs- und Sinnzusammenhang zwischen Gott und dem endlich Seienden verlorengeht"[17], d. h.: die Grundvoraussetzungen mittelalterlichen Weltbildes werden, unter nominalistischen Denkvoraussetzungen, als nicht mehr plausibel unnachvollziehbar. Certeau diagnostiziert diese Veränderungen als unhintergehbare „rupture", als Bruch: die Allgegenwart Gottes in den Dingen der Welt, die unmittelbare Transparenz der Welt auf ihren göttlichen Ursprung, wird nicht mehr einfachhin vernehmbar und erfahrbar. Damit verlieren die überlieferten religiösen Wahrheiten von Kirche und Theologie ihre bis dahin unstrittigen Einfluss-

---

[14] M. N. Ebertz, ‚Spiritualität' (s. Anm. 1), 195.
[15] Ebd.
[16] M. de Certeau, in: L'écriture de l'histoire, Paris 1975, 272, „Ce qui se perd, c'est la lisibilité du cosmos comme langage parlé par dieu" (Übersetzung M. E.).
[17] K. Rahner, Art. Repräsentation, in: LThK^2 8, Sp. 1244f.

möglichkeiten der religiösen Deutung der Wirklichkeit. Mystik und Spiritualität, so zeigt Certeau insbesondere an Juan de la Cruz oder an Theresa von Ávila, reagieren auf diese Situation. Es gehe der Mystik darum, so Certeau, „innerhalb der Religion eine Wahrheit zu enthüllen“[18], die die „Vergangenheit erledigt, ohne ihren Sinn preiszugeben“[19]. Certeau beschreibt bezeichnenderweise diese mystische Intention als eine „nicht religiöse Exegese der Religion“[20], d. h. nicht ein binnentheologisches Interesse könne man der Krisenreaktion der Mystik entnehmen; vielmehr stehe die Mystik der frühen Neuzeit für ein paradigmatisches Verständnis von Religion und Spiritualität der Moderne, das auf zeitgenössische Gesellschaften übertragen werden könne; denn die Mystik erhebe, nach dem Zerfall der objektiv-metaphysischen Plausibilitäten, den Wahrheitsanspruch einer subjektiven Erfahrung religiöser Spiritualität. Und zugleich ziele das zentrale Interesse der Mystiker aber auf eine „Wiedereingliederung“[21], d. h., es geht der Mystik der frühen Neuzeit nicht darum, traditionelle Inhalte der Offenbarung Gottes einfachhin zu ignorieren; vielmehr tritt die Mystik mit dem Anspruch an, vermittels der Erfahrung des Mystikers, der im „Buch der Welt“ unlesbar gewordenen Gegenwart Gottes einen neuen Ort zuzusprechen. In diesem Programm der Wiedereingliederung intendiere die Mystik in ihrer Spiritualität in neuer Weise ein authentisches Gottesverhältnis und eine authentische Gottessuche des Menschen unter neuzeitlichen Vorzeichen wieder zu ermöglichen.

Certeau sieht so in der Mystik der frühen Neuzeit ein Modell der Krisenreaktion auf verlorengegangene traditionelle theologische Gewissheiten. Damit spiegelt sich in Mystik und Spiritualität, vom eingangs Gesagten her, die Kluft zwischen traditioneller religiöser Praxis der fides quae und der religiösen Gottessuche des Individuums (fides qua). Es ist die Überzeugung Certeaus, und genau dies macht sein Denken aktuell, dass Mystik und Spiritualität nur sinnvoll diese Kluft zu überwinden vermögen, wenn sie sich verstehen als *konstitutives In-*

---

[18] M. de Certeau, Art. Mystique, in: Encyclopaedia Universalis, Bd. II, Paris 1971, 521–526, 526 (zitiert nach D. Bogner, Das Religiöse weiter denken [s. Anm. 4], 523).

[19] Ebd.

[20] Ebd.

[21] Ebd.

einander von Erfahrung und Sprache, von Innerlichkeit der Erfahrung und deren Vermittlung in Kommunikation. Von daher versteht Certeau Mystik und Spiritualität zutiefst als Problem der Sprache.

Gemeinsam mit der Mystik der frühen Neuzeit ist spirituellen Bewusstseinsformen der Gegenwart, so lässt sich bis hierher resümieren, der Verlust der traditionell religiösen Plausibilitäten, insbesondere des Gottesverständnisses. Die in metaphysisch-ontologischer Rationalität ehemals begründete traditionell religiöse Spiritualität löst sich aus ihrem Zusammenhang mit religiöser Praxis (fides quae); Spiritualität verlagert sich in die subjektive Dimension religiöser Erfahrung.

4. Certeaus Negative Theologie

> „Das Paradox des mystischen Moments verweist auf eine Geschichte. Das, was sich da aufdrängt, ist etwas, [...] das von sich her das Privileg eines Gegenwärtigen verweigert und auf andere [...] Markierungen verweist [...]. Es eröffnet einen Itinerar“[22].

In dieser Textpassage deutet sich Certeaus Negative Theologie an, von der her seine gesamte Einschätzung der Bedeutung der Mystik und Spiritualität geprägt ist. Mit Anerkennung des Bruchs tritt an die Stelle der einstmals unmittelbar erfahrenen Präsenz Gottes in den Dingen der Welt die schmerzliche Erfahrung der Verborgenheit Gottes, d. h. die individuelle Erfahrung des Mystikers wird Ort und Ausgangspunkt, Quelle und Legitimation der Erfahrung eines Verlustes, eines Mangels. Für Certeau ist die mystisch-spirituelle Erfahrung davon geprägt, dass das Göttliche sich am intensivsten im Modus seiner uneinholbaren Absenz offenbart; die Präsenz Gottes wird nur noch erfahrbar als eine *praesens absentia:* in seiner Verborgenheit ist das Anwesende nicht eigentlich gegenwärtig, und in seiner Präsenz ist das Abwesende nicht eigentlich abwesend. Diese Dialektik des In-Über, von An- und Abwesenheit des göttlich Absoluten

---

[22] M. de Certeau, Art. Mystique, in: Encyclopaedia Universalis, Bd. XI, Paris 1977, 521–526, 524.
„Le paradoxe du ‚moment‘ mystique renvoie à une histoire. Ce qui s’impose là est quelque chose [...] qui de soi récuse le privilège d’un présent et renvoie à d’autres marques [...] Il ouvre un itinéraire“.

wird in Certeaus Negativer Theologie bestimmend für alle Versuche der Bewältigung der Erfahrung der Verborgenheit Gottes.

Es ist jenes mystisch-spirituelle Paradox, das Certeau meint, das einen Weg, eine Geschichte auslöst, einen Itinerar, einen „Parcours", wie es oft auch heißt. So erzeugt die negativ-theologische Signatur spiritueller Erfahrung, was Certeau *esprit de dépassement,* den „Geist des Überschreitens"[23] nennt. Ihn kennzeichnet die „Gestalt des Begehrens"[24], die sich mit der Erfahrung der Abwesenheit und des Entschwindens Gottes verbindet; denn die Erfahrung der Abwesenheit Gottes als Erfahrung des Verlustes eines Unersetzlichen löst eine Sehnsucht aus, „unaufhörlich aufzubrechen"[25], um das zu suchen, um das zu finden, was den Mangel aufhöbe, das Verlorene wieder vergegenwärtigte; modern formuliert, was die Ganzheit und Wahrheit des Lebens wieder herstellte. Ohne Zweifel kommt hier Certeaus „l'universalisme ignatien"[26] zum Ausdruck, d. h. jenes „Gott-in-allen-Dingen-suchen-und-finden". Dieser spirituelle „Parcours" kommt, vom Geist des Transzendierens getragen, unter den Bedingungen der Welt an kein Ende. Wo immer versucht wird, von einer partikulären Erfahrung her das Gesuchte als erreicht zu identifizieren, würde man sich sektiererisch etwas anmaßen, was ohnehin von der Erfahrung des Mangels durchkreuzt wird.

5. Spirituelle Existenz und Abwesenheit des Absoluten

> „In diesem Ausdruck – ‚nicht ohne' – haben wir […] die negative Außenseite einer Wahrheit, die objektiv im Modus der Abwesenheit ausgesprochen wird […] Das Ereignis faltet sich aus (es verifiziert sich) im Modus des Verschwindens in den Differenzen, die es möglich macht. Der Bezug zum ‚Ursprung' ist ein Abwesensprozeß"[27].

---

[23] M. de Certeau, La fable Mystique (s. Anm. 2), 411.

[24] Ebd., 9: „Un désir".

[25] Ebd., 411: „Un mouvement de partir sans cesse".

[26] So der Titel eines Artikels von M. de Certeau, L'universalisme ignatien: mystique et mission, in: Christus 13 (1966), 173–183.

[27] M. de Certeau, GlaubensSchwachheit. Aus dem Französischen übersetzt von M. Lauble, Stuttgart 2009, 177 (frz. La faiblesse de croire, Paris 1994).

Wenn Certeau die Struktur mystischer Spiritualität schließlich unter Bezug auf Heideggers fundamentalontologische Formel vom „Nicht ohne“ des Seins zu fassen sucht, wird man dies als Hinweis nehmen müssen, in der mystischen Suche die transzendentale Grundstruktur menschlichen Seins wiederzuerkennen, d. h. in der Sprache traditionell philosophisch-theologischer Begrifflichkeit als *desiderium naturale videri deum.* Die spirituelle Existenz des Menschen lässt sich in ihren konkreten Vollzügen „nicht ohne“ die gegenwärtige Abwesenheit des Absoluten verstehen, die als Mangel nur ex negativo zu Bewusstsein kommt und alle Sehnsucht nach Aufhebung jenes Mangels begründet. In der Geste des unaufhörlichen Aufbrechens manifestiert sich so die Bewegung des Seienden auf ein Ziel hin, dessen ersehnte Präsenz mit der gegenwärtigen Abwesenheit des Absoluten zusammenfällt. Anders gesagt: im Paradox des mystischen Moments, von dem die Rede war, wird das, wovon der Mensch in der schmerzlichen Erfahrung der Verborgenheit Gottes getrennt ist, mit dem Ziel einer noch ausstehenden Offenbarung der Verborgenheit Gottes identifiziert. So vermitteln sich im mystisch-spirituellen Paradox Identität und Differenz, Mangel und Hoffnung, Verlust und Verheißung.

Auf die Moderne bezogen gesagt: in der transzendentalen Struktur von Spiritualität liegt eine „Sehnsucht nach dem Unendlichen“ begründet. In ihr verbindet sich – in inhaltlicher Hinsicht – der Parcours „spiritueller Wanderer“ der Gegenwart – wenngleich ohne ausdrücklich vom Gott religiöser Traditionen zu reden – mit dem spirituellen Itinerar frühneuzeitlicher Mystik. Es ist die Erfahrung eines „Mangels an Sein“ (Schelling), der den Menschen auf den Weg seiner Identitätsvergewisserung zwingt, ohne dass Wahrheit und Ganzheit des Lebens endgültig erreicht werden könnten.

Man kann daher die Suchbewegungen der frühneuzeitlichen Mystik und das zeitgenössische Phänomen der „spirituellen Wanderer“ mit der *metaphorischen Tradition der Lebensreise* illustrieren. Certeau selbst spricht von der „mystischen Reise“. Erneut wird der entscheidende Unterschied deutlich: das christlich-mittelalterliche Modell, dem antiken Vorbild der Odysseus-Sage folgend, sieht in der Fahrt ins offene Meer des Lebens das Gelingen der Heimkehr, trotz aller Gefahren, nicht infrage gestellt; Gott oder die Götter garantieren die Einheit des Weges, d. h. die Identität von Ursprung und Ziel der Lebensreise. Ganz anders das in der Moderne als „Aufbruch ins Ziellose"[28] umschreibbare Modell: in der Sage des Ahásverus, des Ewigen Juden[29] ist die Lebensreise nicht mehr vor dem Scheitern geschützt. Die „transzendentale Obdachlosigkeit"[30] des Lebensweges stellt das Ziel, den Sinn der Reise in Frage, sie zerreißt die ehemals transzendent begründete Einheit der Lebensreise.

In der ästhetisch-literarischen Metapher der Lebensreise als Schifffahrt spiegelt sich, auf meine Fragestellung übertragen, die Grundsituation der Seele nach dem Bruch („rupture") einer theozentrisch geprägten Weltordnung. In negativ-theologischem Denken begründet, bildet sich nach Certeau in der frühen Neuzeit der Maßstab aus für die Orientierung eines Verständnisses von Spiritualität, in dem die Gottessuche als Instanz legitimer Sinnbestimmung zu fungieren vermag. Einem deskriptiv-soziokulturellen Begriff von Spiritualität, in dem nur amorphe Bestimmungen dessen möglich sind, wonach gesucht wird, hält die Mystik und Spiritualität der frühen Neuzeit jenes „Nicht-ohne" des Absoluten entgegen. Von Negativer Theologie her, statt traditioneller Ontotheologie, wird der „esprit" einer unaufhörlichen Sehnsucht, werden die Suchbewegungen „spiritueller Wanderer" durchsichtig auf das, was ihnen zugrunde liegt.

6. „Die schwarze Sonne der Sprache"[31]

> „Was die Mystik durch ihre Worte verletzt und in Frage stellt, verweist auf eine Terrainverschiebung, auf eine Rückkehr des Essentiellen an die Oberfläche der Sprache und auf ein bis dahin ungekanntes Gewicht des Literarischen"[32].

---

[28] M. Frank, Aufbruch ins Ziellose, in: Ders., Kaltes Herz. Unendliche Fahrt. Neue Mythologie, Frankfurt a. M. 1989, 50; vgl. auch ders., Die unendliche Fahrt. Ein Motiv und sein Text, Frankfurt a. M. 1979.

[29] M. Frank, L'homme aux semelles de vent (Ahasver. Der Fliegende Holländer), in: Ders., Die unendliche Fahrt (s. Anm. 28), 54–72.

[30] G. Lukács, Theorie des Romans, Neuwied/Berlin 1963, 35 (zitiert nach M. Frank, Aufbruch ins Ziellose [s. Anm. 28], 61).

[31] Vgl. den Artikel von M. de Certeau, Le noir soleil du langage: Michel de Foucault, in: Ders., Histoire et psychoanalyse entre science et fiction, hg. u. eingel. v. L. Giard, Paris, 1987, 15–36.

[32] M. de Certeau, La fable mystique (s. Anm. 2), 150: „Ce que par ses mots la

Die bisher beschriebene, negativ-theologische Signatur spiritueller Erfahrung führt unweigerlich auf die Frage, wie die Mystik die Erfahrung des sich entziehenden Göttlichen in ihrer Suchbewegung bewältigt. Wenn die Mystik nach dem Zerfall traditionell-kultureller und epistemologischer Voraussetzungen an der Erneuerung der Rede von Gott interessiert ist, dann erfordert dies eine veränderte Sprachpraxis. Ohnehin, so hatte ich gesagt, erachtet Certeau das Anliegen der Mystik als ein Sprachproblem; geht es doch für ihn darum, die Partikularität mystischer Erfahrung in eine allgemeine Form zu überführen. Nur auf diese Weise kann die individuelle Erfahrung des Mystikers eine kommunikable Form erhalten statt sich in einem Geheimwissen abzuschließen. „Ein Mangel drängt zum Schreiben"[33], so Certeaus Kerngedanke. Der Mystiker „operationalisiert"[34], wie er sich ausdrückt, die Erfahrung des Mangels der Abwesenheit Gottes in einer nicht endenden „Ausweichbewegung"[35] einem durch die Sehnsucht initiierten und sprachlich gestalteten spirituellen Parcours oder Itinerar.

Hier nun lässt sich zeigen, welche Rolle Certeau der Ästhetik für die Thematik der Spiritualität zuteilt. In Ästhetik, Kunst und Literatur verbindet sich die Erfahrung der Abwesenheit mit einer Vielfalt von Gestaltungen und Formen, in denen die unstillbare Sehnsucht nach dem Verlorenen immer neue Weisen sucht, von dem zu reden, von dem nicht eigentlich zu reden ist. Im spirituellen *Itinerar mentis ad deum* wiederholt sich und spiegelt sich, so könnte man sagen, die paradoxale Situation mystischer Gottessuche: denn der Modus einer *praesens absentia* prägt die spirituelle Erfahrung in gleicher Weise wie die spirituelle Sprachpraxis. In dieser verbinden sich der „esprit de dépassement" mit ästhetisch-experimentellen Formen einer *cognitio Dei:* suchen diese doch die An- und Abwesenheit des sich entziehenden Absoluten zum Ausdruck zu bringen.

Certeaus Negative Theologie als grundlegende Rahmenbedingung spiritueller Suchbewegungen verbindet sich hier aufs engste

---

mystique blesse et met en cause renvoie à un changement de terrain, à un reflux de l'essentiel sur le font du langage et à une gravité jusque-là insoupçonnée d'enjeux ‚littéraires'".

[33] Ebd., 9: „Un manquant fait écrire".

[34] Ebd., 38.

[35] Ebd.

mit einer Rhetorik und Ästhetik einer *cognitio Dei experimentalis,* die Sinneffekte zu erschließen suchen, die „den Kontrapunkt einer Ähnlichkeit [...], die das Schweigen Gottes in der Sprache bewirkt"[36] setzen. Auf diese Weise wird im literarischen Gestus der Poesie ein Feld spirituell-ästhetischer Gottesrede entworfen; denn die Sprachpraxis der Mystik eröffnet und schafft Übergänge vom Sagbaren ins Unsagbare, vom Sichtbaren ins Unsichtbare. So spricht Certeau davon, dass es darum gehe, ein „spirituale aedificium"[37] zu bauen, imaginär-fiktive Räume zu schaffen, die einen „paradoxen Ort"[38] „in Szene setzen"[39], „eine Fiktion, die etwas in Gang setzt"[40], zu gestalten. In dieser Übertragung und Verschiebung der Erfahrung der Gottferne ins Symbolisch-Ästhetische leben spirituelle Ausdrucksformen von einer *Dialektik von Geheimnis und Kommunikation, von Reden und Schweigen:* sei es in zeichenhaften Gesten, symbolischen Darstellungs- und Redeweisen, in rhetorischen Übertragungen, uneigentlichen Sprechweisen, Metaphern und Allegorien. In diesen „Fiktionsräumen"[41], realisiert sich eine spirituell-ästhetische Erneuerung der Rede von Gott, der das eigentliche Interesse der Mystik der frühen Neuzeit gilt.

Vielleicht ist das Oxymoron ein gutes Beispiel: Certeau illustriert es an ästhetischen Sprachbildern, wie sie Juan de la Cruz verwendet. Darin werden semantische Potentiale der Sprache freigesetzt, denn durch seine beiden Terme verweist das Oxymoron auf ein abwesendes, fehlendes Dritte, auf die „Leere eines Unbenennbaren"[42]. Darin manifestiert sich das gesuchte Absolute als „inter-dit": auf diese Weise wird zu sagen versucht, was sich der Sprache entzieht, im Schweigen verbleiben muss; in seiner Abwesenheit wird es gleichwohl als Ahnung präsent gehalten; indem es nicht gesagt wird, scheint es gleichwohl auf. Über ästhetisch-literarische Sprachfiguren wird so ein Staunen vor dem Unaussprechlichen hervorgerufen.

---

[36] Ebd., 207: „pour fournir le centrepoint d'une ‚similitude' [...] à la blessure que le Silence de Dieu fait dans le langage".

[37] Ebd., 257.

[38] Ebd., 263.

[39] Ebd., 258.

[40] Ebd., 257.

[41] Ebd., 205: „scène artificielle".

[42] Ebd., 199: „le vide d'un innommable".

Certeaus Rede von einer *disque de silence* umschreibt dies: eine Schallplatte, auf der eine Stille aufgenommen wäre, die den geräuschvollen Lärm der Umgebung durchbricht. „Es handelt sich", so Certeau, „um eine mystische Einspielung"[43]. Das Beispiel ist vergleichbar der Rede von einer „schweigenden Musik"[44]. In ähnlicher Weise gestaltet sich M. de Certeaus Text „Weiße Ekstase" (Extase blanche) mit zahlreichen Anspielungen auf die ästhetische Dimension der Malerei und das Sehen der Moderne[45]. Ohne Zweifel erinnert Certeaus Text in seiner Paradoxie an die abgründige Bedeutungsatmosphäre eines japanischen Koans.

Mit dem Hinweis auf Verfahrensweisen metaphorisch-poetischer Rede spiritueller Sprachspiele, d. h. in mystischer Kommunikation, so könnte man im Anschluss an Certeau sagen, geht es um eine ästhetische Inszenierung einer ersehnten Präsenz.

An das Kapitel der „Mystischen Fabel" erinnernd, das überschrieben ist: „Szenerie der mystischen Äußerung"[46], könnte man das Gesagte zu verdeutlichen versuchen. Der Titel erinnert nicht zufällig an den in der Kunstgeschichte verwandten Begriff der Verkündigungsszene mit Maria und dem Erzengel Gabriel. Unübersehbar kommt die negativ-theologische Dimension zum Vorschein: auf geheimnisvolle Weise wird in einem Bild, d. h. in ästhetischer Form etwas Unaussprechliches angekündigt; es geht um die ästhetische Inszenierung einer verheißenen Präsenz, die sich nicht eigentlich darstellen und aussagen lässt und gleichwohl als Unsichtbares sichtbar kommuniziert werden soll.

Damit schreibt sich der negativ-theologische Charakter der ästhetischen Darstellung des Absoluten d. h. als „schwarze Sonne" ein.

Im *Ineinander von Negativer Theologie und Ästhetik,* so die These meiner Überlegungen, könnte man im Anschluss an Certeau von einer *spirituellen Gottessuche* reden; deren „esprit de dépassement"

---

[43] Ebd., 208: „C'est un tour mystique".

[44] Ebd., 198: „música callada".

[45] Abgedruckt in: M. Delgado/G. Fuchs (Hg.), Die Kirchenkritik des Mystischen, Bd. III, Stuttgart 2005, 241–245.

[46] M. de Certeau, La fable mystique (s. Anm. 2), 209–273: „La scène de l'énonciation". Vgl. hierzu B. Teuber, Die mystische Mär – Eine postmoderne Relecture der mystischen Tradition nach Michel de Certeau, in: Die Kirchenkritik des Mystischen (s. Anm. 45), 225–241.

lässt sich freilich „nicht ohne" interkulturelle Perspektiven realisieren; in ihrer gegenseitigen Anerkennung geben sie letztlich nur dem Ausdruck, worin sie begründet sind: einer praesens absentia dessen, worauf sie zugleich in ihrem Transzendieren als ihrem Fluchtpunkt ausgerichtet sind: auf ein nunc stans als ersehnter Präsenz des Absoluten.

In seiner „Mystischen Fabel" hat Certeau die aktuellen Bezüge seiner historischen Analysen so formuliert:

> „Von diesem Geist des Überschreitens, der sich von einem uneinnehmbaren Ursprung oder Ziel namens Gott verführt weiß, bleibt in der zeitgenössischen Kultur, so scheint es, vor allen Dingen der Antrieb unaufhörlich aufzubrechen, so als wollte – da sie nicht mehr auf den Glauben an Gott gründen kann – die Erfahrung nur mehr die Form und nicht mehr den Inhalt der herkömmlichen Mystik bewahren [...]. Sobald die Anker gelichtet sind, die sich am Ursprung festhielten [...] hat der Reisende weder Boden unter den Füssen noch ein Ziel vor Augen [...]. Einem namenlosen Begehren ausgeliefert ist dies das trunkene Schiff. Darum kann das Begehren nicht mehr zu jemandem sprechen [...], es wandert weiter, zeichnet seinen Weg im Schweigen"[47].

Weiterführende Literatur

D. Bogner, Gebrochene Gegenwart. Mystik und Politik bei Michel de Certeau, Mainz 2002 (gründlichste deutschsprachige Auseinandersetzung mit M. de Certeau; umfangreiches Literaturverzeichnis).

M. Füssel (Hg.), Michel de Certeau. Geschichte – Kultur – Religion, Konstanz 2007.

C. Geffré (Hg.), Michel de Certeau ou la différence chrétienne, Paris 1991.

L. Giard (Hg.), Le voyage mystique. Michel de Certeau, Paris 1988.

---

[47] Certeau, La fable mystique (s. Anm. 2), 411: „De cet esprit de dépassement, séduit par une imprenable origine ou fin appelée Dieu, il semble que subsiste surtout, dans la culture contemporaine, le mouvement de partir sans cesse, comme si, de ne plus pouvoir se fonder sur la croyance en Dieu, l'expérience gardait seulement la forme et non le contenu de la mystique traditionnelle [...]".

III.
Zeitenwende in Europa
Kulturkrise und Spiritualität

Sehen und Schauen

Die faktische Medienwelt und die Notwendigkeit einer Spiritualität

Martin Balle

Dass das Schauen, das Wahrnehmen die Dimension des Spirituellen in sich trägt, das zeigt schon der Blick in die Antike. Am Beispiel der Figur des Ödipus können wir verstehen, wie sehr in der griechischen Tragödie der Blick auf die Wirklichkeit, der Blick auf die Welt zum Thema wird. Ödipus ist blind für seine Wirklichkeit. Er ist deshalb ein tragischer Held, weil er ein schlimmes Schicksal, gerade indem er es abwenden will, vollzieht. Ödipus wird seinen Vater töten und mit seiner Mutter das Bett teilen. Das Schicksal, dem er gerade entrinnen will, fällt in seiner ganzen Gewalt und Macht über ihn, weil er es nicht sehen kann. Der Seher Teiresias aber, der ihm seine Schicksalswahrheit sagt („Du selbst bist der Beflecker dieses Landes"), ist auf der anderen Seite blind für die äußere Wirklichkeit. Er sieht nur nach innen. Weil er dort sieht, erkennt, muss er blind sein für die äußere Welt, so will es die Vorstellung der Antike. Als aber Ödipus sein Schicksal versteht, blendet er sich selbst. Auch hier ist es nicht möglich, das innere Verstehen des eigenen tragischen Lebensschicksals mit dem lebendigen Blick auf die äußere Welt gemeinsam zu leben. Ödipus blendet sich so am Ende selbst. Die für das Lebensschicksal blinden Augen sollen jetzt, wo die Wahrheit ans Tageslicht gekommen ist, nicht mehr sehen dürfen. Nur im Augenblick des Erkennens des Unheils sieht sowohl das innere wie das äußere Auge. Diesen Zusammenhang hat der Theologe Karl Matthäus Woschitz in seinem Buch über das Johannesevangelium unter dem schönen Titel „Verborgenheit in der Erscheinung" sehr schön herausgearbeitet. Er fasst ihn so zusammen:

> „Es kommt der Kairos der Aufklärung, der reif gewordenen Zeit, in der er die eigene Identität entdeckt und daraus die grässliche Folgerung für sein Leben zieht. In der Aufdeckung der tatsächlichen Wahrheit muss er erkennen, wer er ist und unter welchem falschen Schein er gelebt hatte. Als der grässlich Besudelte hatte er

> das Licht des Tages verunreinigt, bis er erkannt hatte im Augenblick des Umschwungs. Von Anfang an zum Vatermord und Mutterinzest bestimmt und in den Augen der Götter so ein Abscheu und eine besudelte Kreatur, unterstützt er die Absicht der Götter durch Selbstblendung. Er schließt sich selbst vom Tageslicht aus."[1]

Sehen und Schauen geraten so in Widerspruch miteinander. Verstehen und äußeres Wahrnehmen gibt es nur im Augenblick des Erkennens der eigenen Katastrophe. Das delphische Orakel „Erkenne Dich selbst!" wird zum Höllenkommando für den, an dem es sich vollzieht. Es gibt kein gelassenes Sich-selbst-Verstehen, Sich-selbst-Entdecken, Sich-selbst-Annehmen, das zum Heil wird für den, dem es geschieht. Und was ist die Schuld des Ödipus? Der Chor, der das Schicksal des Ödipus begleitet, sieht sie im falschen Selbstbild des Ödipus. Er glaubt sehend zu sein, er glaubt zu verstehen, er glaubt, Herr des eigenen Schicksals zu sein. Er glaubt, seinen Weg wählen zu können. Verstehen aber und wählen können in der „Kältehölle der antiken Gesellschaft"[2], wie es Eugen Biser genannt hat, nur die Götter. Entsetzt stehen die Zuschauer vor dem dargebotenen Schicksal und auch der Chor, der das Schauspiel begleitet. Ödipus aber muss blind sein für sein Schicksal. Die Götter hatten seine Blindheit längst mit ihrer Strafe beschieden, schuldlos-schuldig gerät er in seinen Schicksalsweg, den doch die Götter längst kannten. Gerade weil er kein Gott ist, darf er nicht sehen und schauen zugleich.

Auch diesen Zusammenhang hat Karl Matthäus Woschitz sehr schön zusammengestellt. „Der letzte Grund des Unrechts", das geschehe, liege „im menschlichen Willen selbst, doch ohne die böse, alle Konsequenzen der Handlung ermessende böse Absicht."[3] Im Auge des antiken Gottes gibt es noch den Neid auf den Menschen. An Ödipus vollziehen die antiken Götter eine Strafe, die sie selbst allzu menschlich macht.

---

[1] K. M. Woschitz, Verborgenheit in der Erscheinung. Mystagogie und Spiritualität des Johannesevangeliums (Forschungen zur europäischen Geistesgeschichte 13), Freiburg i. Br. 2012, 303.

[2] E. Biser, Die Zitadelle des Friedens. Die Prüfungsstunde Europas, in: Religion in Europa, OWEP, Heft 1, 2003, 3–9.

[3] Woschitz, Verborgenheit (s. Anm. 1), 297.

In unserem christlichen Glauben ist Gott ein Anderer. Er ist der Andere. Als der Andere aber führt er den Menschen zu sich selbst. Solche Selbsterkenntnis führt nicht in die Katastrophe, sondern ins Heil. Lahme gehen, Taube hören und eben: Blinde sehen. Es ist ein tiefer Heilsimpuls, der die Texte des Neuen Testaments durchzieht. Jesus will, dass Menschen ganz gesund sind. Er will, dass sie sehen und schauen zugleich. Wer blind war für sein Tun, erkennt in Reue. Er wird aber jetzt vom Leben, vom sehenden Leben nicht ausgeschlossen. Er wird ganz heil. Innen und Außen werden identisch. Er erhält seinen Namen zurück und darf jetzt leben aus der Fülle und in der Fülle.

Das tragischste Moment noch ist, dass der Mann aus Samarien, der den unter die Räuber gefallenen Menschen nicht am Wegesrand liegenlässt (Lk 10,30ff.), vor lauter Eifer, vor lauter Mitleid, die Reihenfolge der helfenden Handlungen verwechselst: er verbindet ihn zuerst, dann erst salbt er ihn. Eugen Biser hat immer darauf hingewiesen, dass er diese Textstelle im Neuen Testament nicht für eine schlechte Überlieferung halte, sondern absichtlich sei es so geschrieben: vor lauter Mitleid, vor lauter Liebe übereile der Samariter sein Handeln. Aber daraus entsteht kein Schaden: der Gerettete wird heil, allein die Liebe heilt. Der menschliche Faktor schadet nicht.

Dennoch ist in unserem christlichen Glauben ebenso der Blick entscheidend. Jesus sieht den Menschen in seiner Lebenssituation. In diesem Sehen aber liegt der personale Augenblick der Würde des Erblickten. Im heilenden Augenblick der Begegnung mit Jesus geschieht Heil. Der antike Kairos, der Erkenntnis birgt, aber Unheil in sich trägt, ist verwandelt zum Augenblick der Erlösung. In der Wiederherstellung der personalen Würde des Geheilten wird sein Auge licht. Es strahlt in sich und aus sich und trägt den Geheilten zu sich selbst zurück. Er sieht und schaut und glaubt. Sein Auge aber bleibt aufgerufen, das Licht des Personseins wachzuhalten. Er ist genau als der, der er ist, gemeint. Und diese Würde kommt ihm zu, aber auch jedem anderen. Unverlierbar dort, wo er sie teilt, gefährdet aber ein Leben lang, wo er sie zur Schau stellt, oder sonst verliert, weil er nicht achtgibt auf das große Geschenk seiner selbst.

Die Neugierde, die das Lebensgeschehen aus dem personalen Kontext herauslöst, wird im Mittelalter als Todsünde gesehen. Der Neugierige ist blind für das Schicksal des Anderen, er ist nur der Bruder des tragischen Helden der Antike, deshalb ist sein Blick

Sünde. Er weidet sich am tragischen Schicksal des Anderen, ist ihm nicht Helfer und Freund. Er nimmt nicht teil, sondern er bleibt draußen stehen und ergötzt sich am Leiden des Anderen. Thomas von Aquin schreibt in diesem Sinn: „Die Todsünde wird so genannt, weil sie das geistige Leben aufhebt, das in der Liebe gründet, durch die Gott in uns wohnt. Daher ist jene Sünde ihrer Art nach Todsünde, die gemäß ihrer eigentlichen Bewandtnis dieser Liebe widerstreitet."[4]

Alles, was Leben seiner personalen Würde entkleidet, führt es in seine mythischen Abgründe zurück. Aber es ist nicht mehr der Neid der Götter, der den Menschen entmündigt. Der Mensch selbst ist es, der den in sich eingestifteten Kern seiner Würde preisgibt, um ins Dunkel des apersonalen Verlustes seiner selbst zurückzufallen. Aus dem Heil, aus dem Licht, aus dem Leben in eine Welt, der er schon entronnen war und die ihre dunklen und düsteren Schatten nur mehr in abgründigen Alpträumen als leicht zu verscheuchende Gespenster sendet.

Wenn wir auf unsere gegenwärtige Mediensituation blicken und fragen, wie es um ihre spirituelle Perspektive bestellt ist, so wird sich diese Frage um den Kern unserer personalen Würde drehen. Es muss gefragt werden, inwieweit stellen sich unsere Medien in das Licht der Perspektive unserer personalen Würde; oder inwieweit fallen sie in die Abgründe einer mythischen Abart früherer Denkformen zurück oder bedienen auch – dem nicht unverwandt – bloß voyeuristische Entlastungsfunktionen einer postmodernen Kultur, wo die personale Würde des Einzelnen allzu oft nur in Sonntagsreden beschworen wird.

Ein Beispiel: Als der junge Stuntman Samuel Koch in der Samstagabend-Show „Wetten dass" mit Sprungfedern über fahrende Autos sprang, bediente er mit diesem selbstmörderischen Akt die Muster einer problematischen Medienkultur, über die es zu sprechen gilt: auf der einen Seite die Sensationsgier des Publikums: Aus den Recherchen des Nachrichtenmagazins „Der Spiegel" wissen wir, dass den Verantwortlichen die Autos, die zu überspringen waren, gar nicht groß genug sein konnten. Der Junge hatte wenig Mitsprache-

---

[4] Thomas von Aquin, S.th. I–II, q. 35, a. 3 (DThA 17B, Heidelberg u. a. 1966, 28f.).

möglichkeit gegenüber der Show und den Firmen, die hier ihre Produkte zeigen wollten. Am Ende war er auch gar nicht widerstandsfähig gegenüber der großen Versuchung, mit wenigen Schritten und Sprüngen berühmt zu werden. Es sollte das letzte Mal sein, so hatte er es sich vorgenommen, wo er so viel Risiko auf sich nehmen wollte. Warum also nicht wirklich etwas wagen? Er war ja stark und gesund und dieser Sprung sollte ihm die Tür zu seiner Karriere im Fernsehen öffnen. Dieser Sprung sollte das Eintrittsticket sein in die Welt der Erfolge und des Berühmtseins. Und so musste es eben sensationell sein, damit es in den Köpfen der Zuschauer, wer auch immer die wären, hängenbleiben würde.

Aber Samuel Koch zitierte auch zweifach den Kosmos antiker Tragik. Er überlegte tatsächlich, ob er die Wägen nicht mit Augenbinde, also blind, überspringen sollte, um die Wette, die am Ende die Wette auf sein Leben war, noch spannender zu machen. Und in den Wagen, an dem er am Ende stürzte und tragischerweise seine Bewegungsfähigkeit verlor, setzte er tatsächlich seinen eigenen Vater, der so in der Lebenskatastrophe des Sohnes eine furchtbare Rolle spielte.

Der Christ aber, oder auch jeder andere Mensch, der einfach heil sein will, ist von jeder Wette befreit. Und schon gar von der Wette aufs eigene Leben. Eine Wette, die in der äußeren Sensation ihr Kalkül hat, ist ein Rückfall aus der Kultur christlichen Heilseins. Im Hirten, der die Schafe weidet, steht nicht nur das Bild von Jesus als Christus festgegründet, sondern auch das Bild des Lebens, das wir in Frieden und Ruhe führen dürfen sollen.

Die pseudo-kurzweiligen Shows, die einer oberflächlichen Unterhaltung dienen und den Menschen, der nicht bei sich selbst angekommen ist, noch um seine Langeweile betrügen, sind Teil einer Medienszene, die aus christlicher, aber auch aus therapeutischer Sicht kritisch zu bewerten ist.

Wir müssen aber auch fragen, ob die immer ausgeklügelteren Sonntagabend-Krimis, deren hohes Gewaltpotential vor allem unsere Psyche kitzeln soll, in ihrer hohen Spannung nicht ebenfalls äußerst ambivalent zu bewerten sind. Denn die Spannung, die hier aufgebaut wird, ist zwar fesselnd und auch nur Spiel; es sind moderne Tragödien, die Bestandteile einer immer besser gemachten Unterhaltungsindustrie sind. Aber ginge es nicht eher darum, aus dem Leben selbst heraus eine innere Spannung zu haben, wo Welt und wir selbst durch diese Spannung in Beziehung miteinander stehen können. Denn der Spannungsrausch des Krimis verfliegt und am Montagmorgen sitzen wir dann wieder ermüdet in den Büros des Arbeitsalltags, die uns dann ihre oft ebenfalls falsche Anspannung aufoktroyieren. Es ist ein weiter Weg für jeden von uns, dass die Dinge des Alltags aus ihrem Hintergrund heraus als sie selbst zu leuchten beginnen und uns Welt werden. Die Krimi-Welt baut eine ganz andere Spannung auf und es wäre sehr sorgfältig zu prüfen, inwieweit sie in welcher Form notwendige emotionale Szenarien in uns bedient, die uns in guter Weise helfen, etwa Affekte abzureagieren; oder aber ob diese Spannung nicht doch auch aus krank gewordenen Fantasien besteht, die sich als gewaltbergende Seelenschatten in unser Unbewusstes einschleichen.

Die Kunst ist frei und muss es sein. Aber dennoch fragen wir doch immer: was tut uns wirklich gut? Eine christliche Spiritualität ist eine therapeutische Spiritualität. Sie nimmt Ängste, sie macht Mut, sie lebt von der Hoffnung, sie trägt Licht und Wärme in sich. Was also wären Voraussetzungen einer Medienkultur, die sich den Anforderungen einer solchen christlich-therapeutischen Perspektive nicht verschließt?

Wir wissen heute, dass Selbst und Welt sich wechselseitig begründen und bedingen. In der Psychologie ist bekannt, dass unser Selbst nur lebensfähig ist, wenn es über die *imagines*, also die inneren Bilder genügend geliebter Objekte verfügt, die unsere Innenwelt beleben. Wenn aber heute die Medienwelt als zweite Realität die Wirklichkeit nicht nur vermittelt, was ihre erste Aufgabe war, sondern in ihrer Bilderflut immer stärker ersetzt, dann müssen wir fragen: sind die Objekte, die jetzt unsere neue Realität bilden, gut genug; sind sie wahr genug, sind sie wirklich genug? Dabei können fiktionale Wirklichkeiten, also Romane, Spielfilme, Erzählungen natürlich als tiefe Wahrheit Wirklichkeit verstärken oder verdichten, können wirklich wahr sein! Und auf der anderen Seite können realistische Formate, also Doku-Soaps zum Beispiel, uns gerade die Wirklichkeit vergällen. Dass mediale Wirklichkeit deprimierend sein kann, das geht bis hinein in die trostlose Studioarchitektur und -dekoration, die dann abends in unsere Wohnzimmer flimmert. Es ist nicht nur der mediale Inhalt, den wir prüfen müssen, ob er gut genug ist für unser Seelenheil, sondern es ist auch die

Form, in der er angeboten wird. „The medium ist the message“[5], schreibt der Medienphilosoph Marshall MacLuhan schon vor 50 Jahren und es ist der Theologe Eugen Biser, der auf die Wahrheit dieses Satzes immer wieder hingewiesen hat.

Mit dem Internet, das jetzt seit fast 20 Jahren unsere mediale Welt noch zusätzlich bestimmt, ist ein Medium hinzugekommen, dessen Wirkmechanismen wir in seinen kulturellen Folgen noch gar nicht ganz absehen können. Dass Wirklichkeit noch stärker bloß virtuell ist, ist auf jeden Fall auch ein Gefahrenmoment, denn das innerste Bedürfnis des Menschen nach Wirklichkeit wird jetzt bezogen auf ein Medium, das Gegenwart gleichsam vorgaukelt. In den scheinbar unendlichen Weiten der Chat-Rooms des Internets wird Ansprache und Gegenwart suggeriert; der andere wäre jetzt wirklich da, so scheint es, und weil er zugleich abwesend ist, ist der Bezug auf unser Unbewusstes noch stärker, wo so die Mischung aus Gegenwart und Imagination zum tödlichen Cocktail wird. Die Internetbeziehungen, sie scheitern. In ihrer Sehnsucht jenseits des konkreten Lebens- und Weltenraums ein Ersatzparadies zu schaffen, holen sie den Menschen in seiner Sehnsucht ab, die sie aber gerade nicht befriedigen, sondern nur mit immer neuen Reizen kitzeln können.

Ich komme zum Schluss: Wir stehen heute an einer Zeitenwende. In der gedruckten Nachricht, im Buch, in der Zeitschrift, in der Erzählung, die aufgeschrieben war, lag ein Abstand zur unmittelbaren Wirklichkeitserfahrung, der nicht aufzuheben war und der auch immer wieder bewusst wurde. Nur die Schundromane schon des 18. Jahrhunderts sind Vorläufer einer dekadenten Medienwelt. Insgesamt war der Weg in die Literatur der Weg zur Vertiefung des Lebens und der eigenen Identität. Es war eine zweite Wirklichkeit, die eine Eigendynamik entwickeln konnte, die sich aber als heilsam und beseelend in unsere Psyche einstiften konnte. Sie stimulierte schon unsere Seele, aber es war immer auch Arbeit, diesen Zustand zu erreichen. Eine Erzählung von Adalbert Stifter, ein Roman von Johann Wolfgang von Goethe, eine Novelle von Hermann Hesse. Wer hier eintauchte, fand sich selbst im Innersten berührt. Sein Blick würde die äußeren Gegenstände der Welt mit neuer Kraft umfassen. Zwi-

---

[5] M. MacLuhan, Understanding Media. The Extensions of Man, Cambridge (MA) 1994 (Neuauflage des Originals: New York 1964), 9.

schen der Innenschau des Seelenblicks und der Wahrnehmung der äußeren Welt läge keine Klippe, die nicht zu umschiffen wäre. Der Leser solcher Texte ist kein Ödipus, wo Sehen und Schau sich tragisch voneinander trennen. „Zum Sehen geboren, zum Schauen bestellt." Der Blick nach innen und der Blick nach außen sind heilsam miteinander verbunden.

Die Welt der elektronischen Medien hat diese Beziehung gelöst. Natürlich ist es möglich, den personalen Blick auf den Anderen und die Welt auch mit der Kamera aufrechtzuerhalten. Wenn wir die Kamera über eine Dauer ihren Blick gerichtet sein lassen auf ein Menschenschicksal, dann gewinnt dieses Kontur und Gegenwart, etwa in der Reihe „Lebenslinien" im Bayerischen Fernsehen, wo Schicksale so nacherzählt werden, dass sie lebendige Gegenwart werden in unserer Vorstellung. Es ist nicht zwangsläufig, dass Fernsehen bloß nach Reiz- und Reaktionsmechanismen verfährt. Es gibt gutes Fernsehen, und nicht nur gut gemachtes Fernsehen. Beim Radio ist es selbstverständlich so, dass der Radiohörer gerade bei anspruchsvollen Sendungen in seiner Fantasie ungeheuer angesprochen wird.

Aber dennoch haben wir eine Zeitenwende. Das Fernsehen und die neue Internetkultur lassen das Bewusstsein des Sprungs zwischen erster und zweiter Wirklichkeit immer weniger zu. Sie suggerieren sich als Wirklichkeit, als eigentliche Wirklichkeit. Je täuschender diese Manipulation gelingt, umso erfolgreicher sehen sie sich selbst. Sie wollen den Rezipienten nicht mehr bereichern, sondern ihm die Seele stehlen, ohne dass er es merkt. Sie rauben ihm seine Innenwelt und pflanzen ihm dafür die falschen Bilder einer falschen Wirklichkeit ein. Sie werfen ihn zurück auf Ödipus, der verblendet war für sein Schicksal; und als er verstand, da war es zu spät geworden.

Das Internet hat die Entfremdungspotenz des Fernsehens nochmals gesteigert. Es verschluckt seine User gleichsam. Den, der schon keine Welt mehr hat, fesselt es über Stunden und Tage an sich. Es macht ihn abhängig, ohne etwas geben zu können. Wie bei jeder Sucht aber liegt der Reiz gerade darin, dass einer nicht wirklich satt wird. In scheinbar vollkommener Allgegenwart und Allmacht übernimmt es die göttlichen Attribute, wie es der Theologe Eugen Biser schon in den 90er Jahren vorhergesehen hat, und führt seinen Popanz auf. Damit aber ist die christliche Heilserfahrung, in die unser Leben gestellt ist, verstellt. Zurückkehrt Ödipus, die magische Welt des Mythos, in seiner schlechtesten Form. Blind für das eigene

Schicksal raubt dem zum passiven Konsumenten degradierten Menschen die Welt der Medien sein Augenlicht.

Es ist eine Zeitenwende, weil es immer schwieriger wird, diesen Zusammenhang sichtbar zu machen. Von der Medienwelt heute geht ein Sog aus und eine Geschwindigkeit, wo die, die sich an ihn verloren haben, nicht merken, dass sie sich selbst verloren haben. Als Blogger an der Spitze der Bewegung sind sie den anderen ja überlegen.

Wie aber endet Ödipus? „Nichts mehr verriet, dass er noch eben, dass er jemals war." Karl Matthäus Woschitz kommentiert: „In den blinden Augenhöhlen trägt er, ohne die exponierte Frage, die er ist, gänzlich entziffert zu haben, seine Welt zu Grabe [...]. Sein tragisches Ich hebt sich auf in die Anonymität des Gewesenseins. Das Leben wird zur Hadesbraut."[6] Die Medienwelt heute steht in der Spannung zwischen dieser Blindheit einerseits, die den Rezipienten zum anonymen und innerlich abgestorbenen Konsumenten degradiert, und dem personalen Blick andererseits, der immer dort möglich wird, wo Medien sich aufrichtig oder auch liebevoll für das Schicksal des Anderen interessieren wollen.

---

[6] Woschitz, Verborgenheit (s. Anm. 1), 304f.

Unternehmer-Spiritualität

Der Beitrag religiöser Tradition zur Überwindung der Kulturkrise der Wirtschaft

André Habisch

1. Die Finanzkrise als Kulturkrise: Lehren aus den Jahren 2007–2010

Der Film ‚Inside-Job' zur globalen Finanzkrise, 2010 von Regisseur Charles Ferguson produziert und im selben Jahr mit einem Oscar-Filmpreis als bester Dokumentarfilm ausgezeichnet, ist ein in mehrfacher Hinsicht erschütterndes Dokument. Er zeigt die immer exzessivere Bereicherung von Investmentbankern und Finanzmanagern, deren selbstzerstörerische Dynamik sich umso schneller entfaltet, als ihre Strategien auf keinerlei Schranken seitens der Aufsichtsbehörde, der Zentralbank bzw. der Politik mehr stießen. Er zeigt die Funktionsunfähigkeit eines politischen und administrativen Systems der Finanzkontrolle, dessen wichtigste Führungspersönlichkeiten trotz jahrelanger Warnungen die Augen vor der Wirklichkeit verschließen und lieber ihren ideologischen Vorstellungen folgen. Und er zeigt die Komplizenschaft akademischer Eliten führender Universitäten und Finanzinstitutionen, die durch ihre hoch bezahlten Gutachten, Zeitungsartikel und Buchpublikationen dieses Geschehen jahrelang legitimiert und dadurch dem Versagen der Kontrollinstitutionen den Weg bereitet haben.

Überboten wird die Dramatik dieses Filmes lediglich durch die politische und ökonomische Wirklichkeit, deren Zeugen wir seitdem werden mussten. Denn entgegen der leidenschaftlichen Forderung der Filmemacher am Ende von ‚Inside Job' ist bis heute kein einziger der Verantwortlichen für den größten Finanzbetrug der neueren Geschichte in den USA juristisch zur Verantwortung gezogen worden. Im Gegenteil: Die wirtschaftspolitischen Fehlregulierungen, die dieses Verhalten unterstützt und ökonomisch ermöglicht haben, wie etwa eine ‚Politik des billigen Geldes' zur Bekämpfung der rezessiven Krisenfolgen, sind seit der Krise unverändert in Kraft geblieben.[1] Die Aufmerksamkeit der internationalen Öffentlichkeit ist zu anderen Brandherden gewechselt, nämlich zur europäischen Krise der Staatsfinanzen; Uneinigkeit bezüglich der wichtigsten Ursachen der Finanzkrise hat eine koordinierte Regulierung des internationalen Finanzsystems bis heute verhindert. Ordnungspolitische Reformen wie etwa eine ‚Insolvenzordnung für Banken' oder eine koordinierte Erhöhung der Eigenkapitalerfordernisse, die den Zusammenhang von Risiko und Haftung wieder herstellen würden, bleiben unvollendet.

Jenseits solcher offensichtlicher Defizite politischer und administrativer Natur ist ‚Inside Job' auch noch in anderer Hinsicht ein aufschlussreiches Dokument. Aus theologisch-ethischer Perspektive dokumentiert der Film nämlich den engen Zusammenhang zwischen dem *Manko an persönlichem (Berufs-)Ethos* der agierenden Manager einerseits und ihrer *(fehlenden) gesellschaftlichen bzw. ordnungspolitischen Mitverantwortung* andererseits. Die mediale Aufarbeitung der Ereignisse hat auf verschiedene Weise verdeutlicht, dass die finanzielle Selbstbereicherung, die ungehemmte Risikoübernahme auf Kosten Dritter und die betrügerische Umetikettierung schlechter Risiken durch die Investmentbanker in fortgeschrittenem Stadium oft genug einherging mit dem Verlust jeglicher moralischer Selbstbindung, offenem Zynismus gegenüber den – privaten wie öffentlichen – Betrugsopfern etc.; einige Manager verfielen sogar dem Alkoholmissbrauch, der Verschwendung und der offenen Prostitution. Die Bezahlung von Bordellrechnungen mit der Firmenkreditkarte, die deutschen Parteifunktionären und den sie beaufsichtigenden Landespolitikern zum beruflichen und persönlichen Desaster geriet, war in Kreisen von New Yorker Investmentbankern zur gleichen Zeit offenbar gang und gäbe; auch diese Praxis harrt bis heute in den USA einer juristischen Aufarbeitung. Weder in den USA noch in Europa haben sich die Verantwortlichen Bankmanager vor Gericht für Ihre Taten verantworten müssen.[2]

---

[1] Vgl. dazu ausführlich aus sozialethischer Perspektive: B. Emunds, Die Finanzkrise rührt an die Grundlagen der Wirtschaftsordnung, in: ZEE 55 (2011), 21–35; J. Wallacher/M. Rugel, Die globale Finanzkrise als Ethische Herausforderung, Stuttgart 2011.

[2] Dies ist kein rein US-amerikanisches Phänomen. Es fand vielmehr noch während der Arbeiten an diesem Beitrag ein Echo in den Telefonmitschnitten führen-

Allerdings sind die genannten Phänomene nicht ohne kulturelle Folgen geblieben. Im Bereich der Wirtschaftspolitik und der finanzpolitischen Regulierung hat die Krise zunächst zur Diskreditierung eines ideologischen Liberalismus beigetragen. Auch wenn – wie oben gesehen – durchgreifende Reformen bis heute auf sich warten lassen und es Lobbyisten immer wieder gelingt, entsprechende politische Initiativen ins Leere laufen zu lassen, so gehört doch wenigstens die ideologische Zementierung von Denkverboten bezüglich staatlichen Ordnungshandelns heute der Vergangenheit an. Vielmehr ist die Notwendigkeit einer – international koordinierten – Regulierung unbestritten, lediglich über die geeigneten Instrumente wird gestritten.

2. Kritik am Anreizdenken in der Managerausbildung

Für unsere Zusammenhänge bedeutsamer sind die Rückwirkungen auf den Bereich der Managementausbildung und der Unternehmenskultur. Hier hat die Finanzkrise Entwicklungen verstärkt, die bereits nach dem Platzen der „Dot.com"-Blase Anfang des vergangenen Jahrzehnts eingesetzt hatten. Die kriminellen Machenschaften des ENRON-Managements – Bilanzfälschung, kriminelle Preismanipulationen und Betrug, auch hier gepaart mit Exzessen im persönlichen Bereich – hatten 1999/2000 zunächst zu einem spekulativen Höchststand der Aktie des amerikanischen Energiebrokers und nur wenig später zu seinem Konkurs geführt. In vieler Hinsicht waren

der irischer Banker aus der Zeit der Finanzkrise. Die Anglo-Irish Bank hatte 2008 Milliardensummen ihrer Anleger in Fehlspekulationen verloren. Ihren Betrug an den europäischen Rettungsinstitutionen, die den Zusammenbruch ihres Geldinstitutes mit Milliardensummen verhinderten, kommentierten die damals Verantwortlichen, wie die Bankmanager J. Bowe und D. Drumm, in ihren Telefonaten mit zynischen Bemerkungen über die nationalen wie die deutschen Retter. Führende deutsche Politiker wie Bundeskanzlerin Merkel äußerten sich nach Bekanntwerden dieser Telefonaufnahmen im Juni 2013 ihrerseits verächtlich über die betroffenen Banker. Die Anglo-Irish Bank war nach der Krise nationalisiert und abgewickelt worden; dies belastete den Irischen Staat mit rund 30 Mrd. Euro, für die die Europäischen Partner bürgen. Der Irische Notenbankchef P. Honohan kommentierte die Telefonmitschnitte der Banker gegenüber der Frankfurter Allgemeinen Sonntagszeitung vom 29.6.2013: „Der Stil, die Einstellung und Kultur, die sich in diesen Telefonaten widerspiegeln, sind zutiefst abstoßend."

die Praktiken bei ENRON Vorbild und Ideengeber für die Selbstbereicherung der Investmentbanker wenige Jahre später; hier fanden sich schon Telefonmitschnitte mit zynischen Bemerkungen der Manager über die Naivität ihrer Opfer. Doch bereits in diesen Jahren setzte im Bereich der Managementausbildung auch eine selbstkritische Diskussion ein. Stellvertretend für die Beiträge führender internationaler Fachvertreter sei hier der lesenswerte und auch dem Laien gut verständliche Beitrag des Professors an der London Business School Sumantra Ghoshal (2005) aus der führenden Zeitschrift ‚Academy of Management Learning and Education' genannt mit dem prägnanten Titel: „Bad Management Theories Are Destroying Good Management Practices"[3]. Der Autor attestiert der Managementtheorie und den Sozialwissenschaften ganz allgemein den *Charakter einer ‚sich selbst erfüllenden Prophezeiung'*. Im Gegensatz zur Naturwissenschaft, in der falsche Theorien alsbald durch neue experimentelle Evidenz falsifiziert werden können, kann eine ‚falsche' sozialwissenschaftliche Theorie durchaus die Wirklichkeit prägende Kraft entfalten. Denn wenn nur eine junge Generation von Praktikern davon überzeugt ist, dass eine bestimmte Handlungsweise Anzeichen von überlegener Professionalität ist, dann setzt sich dieses Handeln auch in der sozialen Realität nach und nach durch. Eine solche, das soziale Handeln prägende Wirkung hat nach S. Ghoshal das ‚Principal-Agent-Theorem', das sich in der Steuerung des Verhaltens durch finanzielle Anreize zeigt, entfaltet. Dieses Denken hat im Zuge der liberalen Revolution der achtziger Jahre die wirtschaftswissenschaftlichen Ausbildungsstätten geprägt und in der Folgezeit etwa die explodierenden Bonuszahlungen im Finanzsektor ausgelöst.[4]

---

[3] Vgl. S. Ghoshal, Bad Management Theories Are Destroying Good Management Practices, in: Academy of Management Learning & Education (2005), 75–91.

[4] Vgl. dazu B. Holmström/P. Milgrom, Multitask Principal-Agent-Analysis. Incentive Contracts, Asset Ownership, and Job Design, in: Journal of Law, Economics, and Organization 7 (1991), 24–52, sowie M. Jensen/W. Meckling, Theory of the Firm. Managerial Behavior, Agency Costs and Ownership Structure, in: Journal of Financial Economics 3 (1976), 305–360, und allgemein dies., The Nature of Man, in: Journal of Applied Corporate Finance 7 (1994), 4–19. Ein grundlegender Überblick über die Agency Theorie findet sich bei K. Eisenhardt, Agency Theory. An Assessment and Review, in: Academy of Management Review 14 (1989), 57–74.

Bruno Frey, Ökonom an der Universität Zürich, hat in einer Reihe von Beiträgen darauf hingewiesen, dass ein *Übermaß ‚extrinsischer' Motivationsstrategien* (also der Managerentlohnung mithilfe umfangreicher und detaillierter Leistungskriterien) für ein Unternehmen durchaus unerwünschte Nebenwirkungen aufweisen kann. Denn – so formuliert er es gemeinsam mit seinen Mitarbeitern in einer Reihe von viel diskutierten wissenschaftlichen Beiträgen – extrinsische Anreizsteuerung kann ‚intrinsische' Motivation (also das Engagement für eine Sache um ihrer selbst willen) durchaus verdrängen.[5] B. Frey veranschaulicht das Gemeinte an einem Beispiel aus dem persönlichen Bereich: Wer seinem Sohn für das häusliche Rasenmähen regelmäßig 10,– € bezahlt, der kann von dem Filius in Zukunft nicht mehr erwarten, dass er diese Leistung irgendwann noch einmal umsonst erbringen wird. Ebenso hat auch die Dominanz des Principal-Agent-Denkens und die Zahlung nach oben hin unbegrenzter Boni für Händler und Investmentbanker großer Finanzinstitutionen zur Verbreitung einer ‚Söldnermentalität' geführt, die sich – wie die entsprechenden Bemühungen etwa führender deutscher Bankmanager in der Gegenwart zeigen – nur mehr sehr schwer zurückführen lässt. S. Ghoshal schlägt in seinem o. g. Beitrag, der erst postum nach dem Tod des Autors erschienen ist, deshalb vor, an den wirtschaftswissenschaftlichen Ausbildungsstätten anzusetzen und hier *neue Leitbilder verantwortlichen Managements* zu verankern.

Diese Forderungen sind in der Folgezeit in dem weltweit führenden Berufsverband von Betriebswirtschaftslehrern, der Academy of Management, vielfach wiederholt und in entsprechende Publikationen, Programmpapiere etc. hinein umgesetzt worden.[6] In der Praxis haben diese Diskussionen einen Trend verstärkt, der ebenfalls bereits seit Beginn des vergangenen Jahrzehnts eingesetzt hat: der Einrichtung von Lehrstühlen oder Vergabe von Lehraufträgen für verant-

---

[5] Vgl. B. Frey, How Intrinsic Motivation is Crowded out and in, in: Rationality and Society 6,3 (1994), 334–352; Ders./F. Oberholzer-Gee, The cost of Price Incentives. An Empirical Analysis of Motivation Crowding-out, in: American Economic Review 87 (4) 1997, 746–755; B. Frey/R. Jegen, Motivation Crowding Theory, in: Journal of Economic Surveys 15 (5) 2001, 589–611.

[6] Vgl. etwa die Presidential Address der Präsidentin der Academy of Management, Prof. Dr. Anne S. Tsui auf der AoM Jahrestagung 2012 in Boston (MA) „On Compassion. Why should we care?" unter http://www.youtube.com/watch?v=FySqgu_RFvE (Zugriff 30.6.2013).

wortliche Unternehmensführung und Nachhaltigkeitsmanagement (Corporate Social Responsibility oder CSR). Die Bedeutung der Reflexion auf die gesellschaftliche Verantwortung von Unternehmen (Corporate Social Responsiblity) im öffentlichen Diskurs ist mittlerweile auch in Europa und Asien gewachsen und hat zu einer Reihe von politischen Willensbekundungen und Forderungen geführt – wie etwa zur Verabschiedung einer ‚nationalen CSR-Strategie' durch die Regierungen vieler europäischer Länder (wie auch die Bundesrepublik Deutschland 2011). Das vom UN-Generalsekretär Kofi Annan 1999/2000 ins Leben gerufene internationale Netzwerk ‚Global Compact' zur Intensivierung des Dialogs der internationalen Staatengemeinschaft mit der Wirtschaft hat entsprechende Prinzipien der verantwortlichen Managementerziehung formuliert – in einem Dokument, dem sich viele Universitäten und Business Schools weltweit angeschlossen haben (vgl. www.prme.com). Es flankiert die zehn Prinzipien des Global Compact und überträgt sie auf den Bereich der Formation zukünftiger Führungskräfte – ebenso wie inzwischen auch Prinzipien verantwortlichen Investitionsverhaltens für den Finanzsektor vorgelegt worden sind (www.pri.com).

3. Corporate Social Responsibility und Nachhaltigkeit

Aus theologisch-ethischer Sicht ist an derartigen normativen Initiativen der letzten Jahrzehnte bemerkenswert, dass Verantwortung hier rein positiv pragmatisch und unabhängig von jeder spirituellen, philosophischen, kulturellen oder weltanschaulichen Tradition postuliert wird. Nach Jahrzehnten, in denen etwa die naturrechtlich fundierte Sozialethik der Katholischen Kirche aufgrund des Fehlens eines (philosophischen) Begründungsdiskurses kritisiert worden ist, ist hier eine Renaissance nicht weiter begründeter oder abgeleiteter Normativität zu verzeichnen.

In der westlichen Hemisphäre dominiert dabei seit Beginn des 20. Jahrhunderts eine ausgeprägt pragmatisch-antiideologische Ausrichtung die Ökonomie und Betriebswirtschaftslehre. Die Entstehung von spezialisierten Ausbildungsstätten für Manager stand zwar im dabei führenden US-amerikanischen Raum wie auch in Deutschland im späten 19. Jahrhundert ursprünglich im Zeichen eines hohen professionellen Ethos, das durchgängig auf ein christliches Menschenbild (insbesondere aus der protestantischen Tradition heraus) zurückgeht.[7] Noch die Schriften des Managementlehrers Peter Drucker (1909–2005), dem Mitgründer eines der ersten berufsbegleitenden MBA-Programme überhaupt und einem der wichtigsten Managementberatern des 20. Jahrhunderts, weist deutlich religiös christliche Prägungen auf.[8] Gerade dies gilt aber für die oben skizzierte Tendenz des CSR bzw. des Nachhaltigkeitsmanagements nicht mehr in gleicher Weise.

In Deutschland wie auch international ist vielmehr ein *Auseinanderdriften* zwischen religiös bzw. spirituell geprägter Anthropologie und Ethik einerseits und angewandter Wirtschafts- und Unternehmensethik andererseits unverkennbar. Das ist zum Teil der zunehmenden Pluralisierung und Säkularisierung öffentlicher Diskurse im Westen geschuldet – sicher in den letzten Jahren aber auch einer rapide abnehmenden Reputation organisierter Religiosität. Während noch in der Nachkriegszeit führende Vertreter der christlichen Sozialethik wie J. Höffner[9], G. Gundlach[10], J. Messner[11] und O. von Nell-Breuning auch zu ethischen Beratern von Unternehmern und Firmen wurden, rekrutieren sich Professoren für CSR, Nachhaltigkeitsmanagement oder Wirtschafts- und Unternehmensethik heute durchgängig aus volks- und betriebswirtschaftlichen Fakultäten. Sie greifen in Forschung und Lehre nicht mehr auf Theoreme, Denkmuster, Menschenbild und Wirtschaftsverständnis religiöser oder spiritueller Traditionen zurück. Vielmehr dominieren empirische Forschungsprogramme und pragmatische, an der Praxis großer Un-

---

[7] Vgl. etwa zur Handelshochschule Berlin F. Zschaler, Vom Heilig-Geist-Spital zur Wirtschaftswissenschaftlichen Fakultät. 110 Jahre Staatswissenschaftlich-Statistisches Seminar an der vormals Königlichen Friedrich-Wilhelms-Universität. 90 Jahre Handels-Hochschule Berlin, Berlin/Heidelberg 1996.

[8] Vgl. dazu T. Meynhardt, The practical wisdom of Peter Drucker: roots in the Christian tradition, in: M. Naughton/A. Habisch/G. Lenssen, Practical Wisdom in Management from the Christian Tradition, Journal of Management Development 29,7/8 (2010), 616–625.

[9] J. Höffner, Das Ethos des Unternehmers, Köln 1968.

[10] G. Gundlach, Das Unternehmerbild der katholischen Soziallehre, Vortrag vom 2.10.1954, veröffentlicht in: Rundbrief des BKU, Köln, Februar 1955 (zitiert nach G. Gundlach, Die Ordnung der menschlichen Gesellschaft, Bd. 2, Köln 1964, 561–569).

[11] J. Messner, Das Unternehmerbild in der Katholischen Soziallehre, Köln 1968.

ternehmen orientierte Inhalte die entsprechenden Veranstaltungen in der Managementausbildung.

Umgekehrt haben es zumindest akademische Vertreter der organisierten Religionsgemeinschaften weitgehend unterlassen, zu wirtschafts- und unternehmensethischen Fragestellungen qualifiziert Stellung zu nehmen – teilweise aufgrund mangelnder Fachkompetenz und fehlender lebensweltlicher Berührungspunkte angesichts zunehmend komplexerer Problemstellungen, teilweise aufgrund einer Skepsis bezüglich der Welt der Wirtschaft. Das entstandene *normative Vakuum* füllen dann die Fachwissenschaften – Betriebswirtschaftslehre bzw. Ökonomik – aus ihrer eigenen Wissenschaftslogik und Forschungsperspektive heraus aus. Doch diese ‚Delegation' ethischer Inhalte an die Fachwissenschaften hat ihren Preis: Mögliche inhaltliche Spannungslagen zwischen ‚Human Ressource Management' und Persönlichkeitsentwicklung, zwischen ‚Compliance Management' und freiheitlicher Gewissensbildung, zwischen Management der Wertschöpfungskette (Sustainable Supply Chain Management) und personalem Engagement für die Menschenwürde von Arbeiterinnen in Entwicklungsländern werden in diesem undifferenzierten Forschungsdiskurs nicht mehr aufgeworfen. Aspekte des Menschenbildes, Spannungen zu korrespondierenden spirituellen Weisheitskonzeptionen, der gesellschaftstheoretischen Einbettung bzw. des Gemeinwohlbezuges wirtschaftlicher Tätigkeit etc. bleiben unreflektiert. Stattdessen beherrschen quantitative und qualitative Analysemethoden sowie – untergründig – individualistische Wertvorstellungen (Transparenz, Emanzipation, Fairness, individuelle Rechte, Zusammenarbeit zum gegenseitigen Vorteil etc.) den Diskurs betriebswirtschaftlicher Forschung und Lehre – ebenso wie Effizienz- und Nützlichkeitskriterien. Eine interessante Zwischenposition nehmen in dieser sich öffnenden Schere die Vertreter von Ordensgemeinschaften ein. Sie stehen zwar – von wenigen Ausnahmen abgesehen – meist nicht im Zusammenhang mit dem akademischen Ethikbetrieb. Doch sie haben allein aufgrund ihrer praktischen Kompetenz mitunter beachtlichen Anteil an ethischer Unternehmensberatung und verfügen über entsprechende praxisgesättigte Expertise, in die sie ihre spirituellen Traditionen auf eigene Weise einbringen.[12]

---

[12] Vgl. etwa die zahlreichen Vorträge und Publikationen in: U. Meier/B. Sill (Hg.), Führung. Macht. Sinn. Ethos und Ethik für Entscheider in Wirtschaft, Ge-

4. Spiritualität und Religion in der Managementausbildung?

Abseits des Mainstreams haben sich auch in der Managementlehre religionsübergreifend Gruppen von Forschern konstituiert, die versuchen, Spiritualität aus religiösen Traditionen heraus in die Managementausbildung einzubringen. Zu nennen ist etwa die Gruppe ‚Management, Spirituality and Religion' in der Academy of Management sowie das Projekt ‚Practical Wisdom in Management from the Spiritual Traditions', das die Academy of Business in Society (ABIS) 2009–2013 mit der Yale University und Partnern in sieben Ländern durchgeführt hat. Ziel dieses Projektes war es, im Anschluss an das aristotelische Konzept der praktischen Klugheit die Ethos bildende Kraft der großen religiös-spirituellen Traditionen der Menschheit auch für die Managementausbildung wieder fruchtbar zu machen. Dazu wurden an verschiedenen Wirtschaftsfakultäten Fachkonferenzen für die christliche Tradition, den Konfuzianismus, das Judentum, den Islam, den Hinduismus, den Buddhismus und die Japanische Tradition durchgeführt und jeweils Sonderhefte des „Journal of Management Development" dazu herausgegeben. Dennoch bleiben Initiativen wie diese aus Sicht der deutschen Betriebswirtschaftslehre eher randständig, da sie primär an quantitativen und empirischen Forschungsmethoden sowie deren mathematischer Veranschaulichung in entsprechenden Fachjournalen orientiert ist.

Aus der Perspektive theologischer Ethik legt sich dagegen der spiegelbildliche Einwand nahe: Wird Religion und Spiritualität hier für ökonomische Profitziele instrumentalisiert? Zeitgenössische Begriffsbildungen wie ‚*Spirituelles Kapital*' suggerieren eine solche Kritik.[13] Die Sichtung der Beiträge dieser Forschungsrichtungen zeigt,

---

sellschaft und Kirche, Regensburg 2010: N. Wolf, Alter Wein in neue Schläuche. Moderne Führungsverantwortung auf der Basis der Regel Benedikts von Nursia. Moralische Werte in der globalen www-Welt, ebd., 379–393; A. Bilgri, Wege zum Sinn-Erfolg – die Benediktsregel als Richtschnur einer verantwortungsbewussten Unternehmensführung, ebd., 525–536; H. Arens, „ ... dass du für dich selbst fest entschlossen bist, so zu handeln". Menschenführung franziskanisch, ebd., 490–500; S. Kiechle, Mitarbeiter führen. Anregungen aus den Satzungen des Jesuitenordens, ebd., 501–512; u. a.

[13] R. Marx, Das „Kapital" guter Führung. Ein Geleitwort, in: Meier/Sill (Hg.), Führung. Macht. Sinn (s. Anm. 12), 19f.; N. Cipaldi/T. Roosevelt Malloch, America's Spiritual Capital, South Bend (IN) 2012; A. Habisch, Spiritual Capital, in:

dass sie sich in durchaus kritischer Absicht mit praktischen Problemstellungen des betrieblichen Alltags auseinandersetzen, etwa Fragen der Personalführung und Unternehmenskultur[14], aber auch des Umgangs mit der sozialen und kulturellen Umwelt von Unternehmen („Spirituality at the Workplace"). So definiert etwa Louis W. Fry[15] das Ziel modernen Unternehmenshandelns neben der Erzielung wirtschaftlichen Gewinns auch darin, dem Bedürfnis von Mitarbeiterinnen und Mitarbeitern nach spirituellem Überleben (‚spiritual survival') zu entsprechen. Was ist der Hintergrund solcher Theoriebildungen?

5. Spiritualität am Arbeitsplatz

Unternehmen werden unter den Bedingungen moderner pluralistischer Gesellschaften mit ihrem Verlust an Wertegemeinschaften und religiös-spiritueller Sozialisation einmal mehr zu einer beherrschenden Sinngebungsinstanz. Mitarbeiter erwarten nicht mehr nur die Sicherung ihrer finanziellen Lebensgrundlagen, sondern streben mehr denn je auch in ihrem Arbeitsleben nach einem Lebenssinn. Angesichts einer stark gewachsenen Arbeitsbelastung wird das Miteinander-Arbeiten und -Leben mit Kolleginnen und Kollegen im Betrieb für viele zum wichtigsten Bezugspunkt der persönlichen Lebensführung. Dementsprechend wählen Nachwuchskräfte ihren Arbeitgeber immer stärker nicht nur nach attraktiven Karriere- und Verdienstmöglichkeiten aus, sondern suchen nach Tätigkeiten, in denen sie ihr *Streben nach finanzieller Absicherung mit dem Engagement für eine bessere Welt verbinden* können. Daraus resultieren veränderte Anforderungen an Unternehmen, näherhin an Führungskräfte und Personalverantwortliche. Ihr wirtschaftliches Handeln

---

L. Bruni/S. Zamagni (Hg.), Handbook On The Economics Of Reciprocity And Social Enterprise, Cheltenham 2013, 336–343.

[14] Vgl. etwa D. Frey, Unternehmenserfolg durch ethikorientierte Unternehmens- und Mitarbeiterführung, in: Meier/Sill (Hg.), Führung. Macht. Sinn (s. Anm. 12), 637–656.

[15] Vgl. für einen Überblick M. Benefiel/L. Fry, Spirituality and Religion in the Workplace. An Overview and a Way Forward. Academy of Management, San Antonio (TX) 2011, sowie J. Neal (Hg.), Handbook of Faith and Spirituality in the Workplace, Emerging Research and Practice, New York u. a. 2013.

hängt auch davon ab, dass es ihnen gelingt, den (gemeinsamen) Beitrag (‚purpose') des Unternehmens für die Gesellschaft und für eine bessere Welt darzustellen und in ihrer orientierenden Wirkung für das Alltagshandeln im Unternehmen transparent zu machen. Vor allem Innovationsprozesse im Unternehmen müssen auch darauf hin transparent gemacht werden, inwiefern sie eine Innovation für die gesamte Gesellschaft (‚social innovation') darstellen.

Anders als die Bonuszahlungen etwa der Finanzbranche, die lediglich die strategische Rationalität kühl kalkulierender Angestellter zu mobilisieren versuchen, kann werteorientiertes Management Mitverantwortung und freiheitliches Engagement im Dienst des Unternehmenszieles wecken. Das gilt nicht nur für die unmittelbaren Mitarbeiter, sondern auch für solche Anspruchsgruppen, die nicht durch einen Arbeitsvertrag, sondern auf andere Weise mit dem Unternehmen verbunden sind: Lieferanten oder wichtige Kunden, Nachbarn und Anlieger, Medien und Vereine etc. Die Enzyklika *Caritas in Veritate* von Papst Benedikt XVI. hat diesbezüglich die Bedeutung ‚unentgeltlichen Handelns' nicht nur für den sogenannten Non-Profit-Sektor, sondern auch für Wirtschaftsunternehmen im Wettbewerb betont.[16] Dessen Bedeutung wächst in der internetvermittelten Netzwerk-Gesellschaft ständig an: auch deshalb lautete das Motto der Computermesse CEBIT 2013 in Hannover ‚share-conomy'. Die Fähigkeit, andere mit seiner Botschaft zu erreichen, sie direkt oder indirekt für ein anspruchsvolles Ziel sowie die daraus resultierende Kultur zu gewinnen, entscheidet über Bedeutung, Einflussmöglichkeiten und in deren Folge auch Wettbewerbsfähigkeit am Markt.

Das zeigt etwa auch die wachsende Zahl von gesellschaftlichen Unternehmern (‚Social Entrepreneurs'), die sich häufig unter ehemaligen Unternehmensmanagern rekrutieren. Sie verzichten auf die Fortsetzung einer mehr oder weniger vielversprechenden Karriere in der Wirtschaft, um ausschließlich ein bestimmtes soziales, humanitäres oder ökologisches Ziel verfolgen zu können. Doch auch dabei bleiben sie mit den Notwendigkeiten der finanziellen und organisa-

---

[16] Vgl. A. Habisch/C. Loza Adaui, Unentgeltlichkeit als Kategorie Sozialen Handelns. Gesellschaftliches Engagement nach *Caritas in Veritate,* in: J. Althammer (Hg.), Caritas in Veritate. Katholische Soziallehre im Zeitalter der Globalisierung, Berlin 2013, 161–170.

torischen Konsolidierung ihrer Organisation konfrontiert. Es ist ihre spirituelle Energie, die vor allem anderen über ihre gesellschaftliche Wirksamkeit entscheidet.

Mittelständische Familienunternehmen haben traditionell stärker als börsennotierte Aktiengesellschaften die Bedeutung der *Unternehmerspiritualität* und der Wertegrundlage ihres unternehmerischen Handelns erkannt. Wie empirische Untersuchungen gezeigt haben, sind sich Familienunternehmer der hervorragenden Bedeutung ihrer Verantwortung insbesondere gegenüber ihren Mitarbeiterinnen und Mitarbeitern bewusst.[17] Auch deshalb haben sie sich selbst in Zeiten der uneingeschränkten Vorherrschaft liberaler Unternehmenstheorien stets eine gewisse Skepsis gegenüber einer überzogenen Anreizsteuerung und erfolgsorientierten Entlohnung bewahrt. Auch in Familienunternehmen werden erfolgreichere Mitarbeiterinnen und Mitarbeiter in der Regel besser honoriert; die Unternehmensleitungen verzichten aber häufig auf eine kleinteilig leistungsbezogene Mittelverwendung, um die personale Eigenverantwortung und intrinsische Motivation im Dienst am gemeinsamen Unternehmenszweck nicht zu gefährden. Zudem spielt selbst in kleinen und kleinsten Unternehmen auch ehrenamtliches gesellschaftliches Engagement etwa im Dienst an Vereinen, sozialen Projekten oder Umweltinitiativen sowie internationalen Hilfsorganisationen eine wichtige Rolle. Weniger als bei Großkonzernen geht es dabei um Öffentlichkeitsarbeit und Public Relations; vielmehr stehen die Rückwirkungen dieses Engagements für die Beziehungen innerhalb eines Betriebes im Mittelpunkt. Im gemeinsamen ehrenamtlichen Engagement (‚Corporate Volunteering'), an dem sich die Unternehmensleitung ebenso beteiligt wie Lehrlinge und Hilfskräfte, werden die spirituellen Grundlagen auch des Wirtschaftsbetriebes anschaulich erlebbar. Das Unternehmen signalisiert: Wir sind mehr als eine Beutegemeinschaft, die nach schnellem Reichtum strebt. Vielmehr ist das letzte Ziel unseres gemeinsamen Engagements jenseits der Profitmaximierung in einem bestimmten gesellschaftlichen, humanitären oder gar unmittelbar ethischen Anliegen (‚purpose') zu suchen: der Heilung von Krankheiten, der Verbindung und Kommunikation von Menschen, der Absicherung von finanziel-

---

[17] E.-M. Hamann/A. Habisch/H. Pechlaner, Values that create value. Socially responsible business practices in SMEs. Empirical evidence from German companies, in: Business Ethics: a European Review 18 (2009), 37–51.

len Krisensituationen, der Erholung und Lebensfreude, des kulturellen oder fachlichen Lernens sowie der Verwirklichung menschlicher Persönlichkeit.

6. Spirituelle Ausrichtung statt aufgezwungener Regulierung

Im Gegensatz zu ethischen oder rechtlichen Auflagen und Mindestanforderungen, wie sie etwa die Diskussion um CSR, Corporate Governance und Compliance Management bestimmen, wird Unternehmerspiritualität nicht von außen, von Medien, kritischen Anspruchsgruppen oder gar Aufsichtsbehörden an das Unternehmen herangetragen. Eine solche Regulierung wird mitunter als ‚license to operate' – also im Sinne einer Art ethischer Betriebserlaubnis seitens des gesellschaftlichen Umfelds – verstanden und mithin von außen nach innen aufoktroyiert. Spirituelle Impulse entfalten sich dagegen aus dem Unternehmen selbst heraus, aus der ethischen Intuition der Gründungspersönlichkeiten, aus seiner „kollektiven Persönlichkeit" sowie aus der praktischen Klugheit seiner Fach- und Führungskräfte. Erstere begegnet dem Unternehmen bzw. dem einzelnen Mitarbeiter mit Misstrauen und versucht dessen Handlungsspielraum ethisch restriktiv *einzugrenzen;* letztere sieht sich als potenzielle Quelle für erfolgreiches gemeinsames Handeln – und versucht innovative Potenziale *freizusetzen.* Wie oben im Anschluss an B. Frey u. a. ausgeführt, kann eine allzu enge Regulierung unternehmerischen Handelns durch die Gesellschaft ebenso wie eine zu enge Führung, Kontrolle und Anreizsteuerung der Mitarbeiter durch die Unternehmensleitung das Wachstum einer Kultur der Mitverantwortung und des freiwilligen Handelns, also das soziale und kulturelle Kapital einer Organisation, beschränken oder gar zerstören. Themen wie Unternehmerspiritualität und praktische Klugheit dürfen also nicht einfach mit CSR, Unternehmensethik oder -kontrolle verwechselt werden.

Spirituelle Unternehmensführung in diesem Sinne ist allerdings ebenso streng von Verantwortungsdelegation und naivem Kontrollverlust zu unterscheiden. Ein verlässlicher rechtlich-institutioneller Ordnungsrahmen unternehmensextern wie -intern stellt die unverzichtbare Voraussetzung für jedes wirtschaftliches Handeln dar. Gerade der mitverantwortliche Mitarbeiter muss ständig über die Folgen seines Handelns und die gemeinsame Position in den relevanten Märkten informiert werden. Eine auf ‚Mit-Unternehmertum' (W. Then) abzielende, spirituelle Unternehmensführung bedarf einer sehr viel intensiveren internen Kommunikation.[18] Ihr Führungsverhalten wird nicht primär auf unmittelbare und direkte Anweisung an Mitarbeiterinnen und Mitarbeiter abzielen; sie entwickelt vielmehr deren Freiheit und Mitverantwortlichkeit. Dazu muss sie auch die mittelbaren, aber nicht weniger relevanten Rückwirkungen ihrer Führungspraxis auf das ‚spirituelle Kapital' des Unternehmens reflektieren. Der Zweck heiligt hier gerade nicht jedes Mittel – vielmehr können die Nebenwirkungen auch einer letztlich erfolgreichen Zielverwirklichung so beträchtlich sein, dass sie den unmittelbaren Nutzen überkompensieren.

Organisationstheorien legen es oft nahe, dass sich Persönlichkeiten im Unternehmen (nur) in dem Maße entwickeln sollen, in dem sie zu den Zielen dieses Unternehmens beitragen. *Spirituell geführte Unternehmen* setzen hier anders herum an: Sie bestimmen die Persönlichkeitsbildung und personale Entwicklung der Mitarbeiterinnen und Mitarbeiter als zentrales Unternehmensziel, das dem wirtschaftlichen Erfolg gerade nicht streng untergeordnet ist, sondern diesem als eigenständiges Motiv beigeordnet ist.[19] Gerade wenn es

---

[18] Vgl. dazu exemplarisch den Beitrag von C. Keppeler, Perspektivische Personalführung. Die katholische Soziallehre als Grundlage für eine zeitgemäße Führungskultur. Dissertationsschrift an der Theologischen Fakultät der KU Eichstätt-Ingolstadt, Marburg 2014, der im Anschluss an die Prinzipien der Katholischen Soziallehre sowie die Arbeiten von J. Pieper (Das Viergespann. Klugheit – Gerechtigkeit – Tapferkeit – Maß, München 1964) versucht, den Grund für eine ‚perspektivische Personalführung' zu legen.

[19] Vgl. dazu das Konzept des ‚Metaprofit' von G. Mion/C. Loza Adaui/R. Christian, Verso il metaprofit. Gratuità e profitto nella gestione d'impresa, (Quaderni dell'Osservatorio 12), Cantagalli 2011, sowie F. Rohrhirsch, Führung als Dienst an der Sache und Dienst am Menschen, in: U. Meier/B. Sill (Hg.), Zwischen Gewissen und Gewinn. Wertorientierte Personalführung und Organisationsentwicklung, Regensburg 2005, 346–358; B. Sill, „Gönne dich dir selbst!" Eine Lebensregel auch für Führungskräfte, in: Meier/Sill (Hg.), Führung. Macht. Sinn (s. Anm. 12), 584–595; G. Werner, Führung für Mündige. Subsidiarität und Marke als Herausforderungen für eine moderne Führung, Karlsruhe 2006; Ders., Wirtschaft – das Füreinander-Leisten, Antrittsvorlesung am 11.5.2004 vor der Fakultät für Informatik der Universität Fridericiana zu Karlsruhe (TH), Karlsruhe 2004; u. a.

gelingt, mit dem Erstgenannten weiterzukommen, wird sich nach der Erfahrung spirituell basierter Unternehmensführung auch das Zweitgenannte einstellen: Dies gilt auch und gerade in der Bewältigung von Krisensituationen.[20]

7. Schluss: Unternehmerspiritualität in der kirchlichen Verkündigung

Christliche Sozialethik ist im späten 19. Jahrhundert als Antwort der Kirchen auf den veränderten wirtschaftlichen, sozialen und kulturellen Kontext der Industrialisierung entstanden[21]. Diese Tradition ist gerade angesichts der wiederum fundamentalen Veränderungen der fortgeschrittenen Globalisierung und Digitalisierung fortzusetzen.[22] Die Enzyklika *Caritas in Veritate* von Papst Benedikt XVI. hat jenseits der Dominanz instrumenteller Logiken die spirituelle Dimension unternehmerischen Handelns in neuer Weise betont – insbesondere in Bezug auf das Konzept der Unentgeltlichkeit (auch) wirtschaftlichen Handelns, das für die Enzyklika eine zentrale Rolle spielt.[23] Dieser Neueinsatz im Bereich der kirchlichen Verkündigung ist konkretisiert worden durch das Dokument „Zum Unternehmer berufen. Eine Ermutigung für Führungskräfte in der Wirtschaft“, das die Päpstliche Kommission ‚Justitia et Pax‘ im Jahr 2012 herausgebracht hat und in dem erstmals systematisch aus dem Christlichen Menschenbild und Gesellschaftsverständnis heraus ein

---

[20] Vgl. dazu A. Habisch/M. Keppel/P. Franz, Aktiviere Selbsterneuerungskräfte nach Störfällen, in: E. Günther/R. Ruter (Hg.), Grundsätze nachhaltiger Unternehmensführung. Erfolg durch verantwortungsvolles Management, Berlin 2012, 161–170.

[21] Vgl. dazu A. Habisch/H. J. Küsters/R. Uertz (Hg.), Tradition und Erneuerung der christlichen Sozialethik in Zeiten der Modernisierung, Freiburg i. Br. 2012, 119–153.

[22] So auch M. Vogt, Christliche Sozialethik – die Architektur einer jungen ethischen Disziplin. Akademischer Festakt zum 85. Geburtstag von Wilhelm Korff, München, 2012, sowie inhaltlich ders./J. Ostheimer (Hg.), Die Moral der Energiewende. Risikowahrnehmung im Wandel am Beispiel der Kernenergie, Stuttgart, 2013.

[23] Vgl. dazu ausführlich C. Loza Adaui/A. Habisch, Humanistic Management, in: L. Bruni/S. Zamagni (Hg.), Handbook On The Economics Of Reciprocity And Social Enterprise, Cheltenham 2013, 191–200.

Ethos unternehmerischen Handelns skizziert worden ist.[24] In 87 Absätzen bemüht sich dieses Dokument darum, aus der Spiritualität des Evangeliums heraus Wege zu zeigen, um als Führungskraft in der Wirtschaft der Gefahr einer ‚gespaltenen Lebensführung' zu entgehen. Mit diesen Dokumenten ist seitens der Kirchen ein Weg eingeschlagen, die zunehmend säkular autonome CSR-Literatur aus der Sicht der Religionsgemeinschaften zu begleiten, zu verstärken – und ggf. auch zu kritisieren. Angesichts der Bedeutung des Unternehmenshandelns für das Gemeinwohl in einer globalisierten Welt, aber auch für die persönliche Entwicklung von Menschen in einer säkularen und individualistischen Gesellschaft stellt eine solche Arbeit eine wichtige Dimension kirchlichen Zeugnisses dar – wie auch eine Plattform für den ökumenischen Dialog mit anderen Religionen und Menschen guten Willens.

[24] Dt. Übersetzung der internationalen Publikation „The Vocation of The Business Leader", Rom 2012. Als komplementäres Dokument im Bereich der evangelischen Kirchen ist die Denkschrift des Rates der EKD „Unternehmerisches Handeln in evangelischer Perspektive" aus dem Jahr 2008 zu nennen.

Auf der Suche nach Ganzheit

Spirituelle Begleitung in der Medizin zwischen Mode und Notwendigkeit

Giovanni Maio

1. Spiritualität als Sehnsucht nach Ganzheit

Über Spiritualität zu sprechen, ist ebenso notwendig wie schwierig, weil der Begriff selbst nicht klar definiert werden kann. Man kann bezogen auf Spiritualität immer nur von Arbeitsdefinitionen ausgehen, die nie die Gesamtheit der Spiritualität einfangen können. Daher beschränke ich mich in dieser Arbeit bewusst auf jene Form der Spiritualität, die auf ein Ganzheitserleben ausgerichtet ist. Spiritualität verstanden als ein Verhältnis zur Welt, das das bloß Zweckhafte übersteigt und somit begriffen werden kann als Bestreben, über sich selbst hinauszugehen, als „ein Überschreiten der Grenzen der eigenen Selbstgegebenheit und die Öffnung hin auf eine größere und mächtigere Wirklichkeit, die von der Materialität und Kontingenz des bloß Vorhandenen unterschieden ist“[1]. Dieses Element des Überstiegs des materiell Vorhandenen in eine Sphäre des Geistes lässt das eigene Selbst in einem größeren Zusammenhang erscheinen. Dadurch entsteht ein Gefühl der Verbundenheit, und zwar sowohl eine vertikale Verbundenheit mit einer höheren Macht oder mit der Natur als auch eine horizontale Verbundenheit mit den anderen Menschen.[2] Daher ist Spiritualität oft, aber nicht zwangsläufig, mit einer Sehnsucht nach Einheit verbunden. Camus spricht grundlegend von einem „Heimweh nach Einheit“[3]. Heinrich Rom-

---

[1] K. Hilpert, Der Begriff Spiritualität. Eine theologische Perspektive, in: E. Frick/ T. Roser (Hg.), Spiritualität und Medizin. Gemeinsame Sorge für den kranken Menschen, Stuttgart 2009, 18–25, 18.

[2] A. Bucher, Psychologie der Spiritualität. Handbuch, Weinheim 2007.

[3] A. Camus, Der Mythos von Sisyphos. Ein Versuch über das Absurde, Hamburg 1995, 20.

bach spricht davon, dass Sinn immer nur als Sinnzusammenhang verstanden werden kann, als das Gewahrwerden einer Vielheit, die zu einer Ganzheit zusammengespannt wird.[4]

Es geht letzten Endes um eine Sehnsucht nach der Wiedervereinigung des theoretisch wie praktisch Getrennten, um die Sehnsucht nach der Überwindung verschiedener Formen des Dualismus, der Trennung von Geist und Materie, von Leib und Seele, von Diesseits und Jenseits, von Glaube und Wissen. Spiritualität also denkbar als Ausdruck dieser Hoffnung, der Hoffnung, „dass in einer reifen und endgültigen Weltsicht die Gegensätze zusammenfallen und sich nicht als unversöhnliche Widersprüche, sondern als einander ergänzend herausstellen."[5]

Verstehen wir Spiritualität als eine allgemeine Ausrichtung des Menschen auf bestimmte Ziele, die jenseits des Zweckrationalen liegen, also auf letzte Ziele, die hinter jedem Streben stehen, dann wäre es eine unverantwortbare Reduzierung des geistig ausgerichteten Menschen auf seine biologische Beschaffenheit, wenn sich die Medizin nur mit Laborwerten beschäftigte und nicht mit den inneren Zielen und Sehnsüchten des Kranken.

2. Kranksein als Nötigung zur Sinnfrage

Krankwerden geht mit der Notwendigkeit einer Neuorientierung einher; Krankwerden stellt das Bisherige radikal in Frage und fordert auf, neue Horizonte zu eröffnen, neue Prioritäten zu setzen; Krankwerden ist oft ein Disziplinierer des Menschen, weil das Krankgewordensein den Menschen zwingt, den Fokus auf die Fragen zu richten, die wirklich wichtig sind. Novalis sprach sogar von den Krankheiten als „Lehrjahre der Lebenskunst und der Gemütsbildung"[6]. Oft führt ge-

---

[4] H. Rombach, Die philosophische Grundfrage nach dem Sinn, in: H. Csef (Hg.), Sinnverlust und Sinnfindung in Gesundheit und Krankheit, Würzburg, 1988, 35–49.

[5] B. Schellenberger, Welcher Glaube Zukunft hat. Plädoyer für eine Spiritualität, die an der Zeit ist, in: K. Hofmeister/L. Bauerochse (Hg.), Die Zukunft der Religion: Spurensicherung an der Schwelle zum 21. Jahrhundert, Würzburg 1999, 207–217, 216.

[6] Novalis, Fragmente und Studien, 1799–1800, in: Schriften, Bd. 3, Darmstadt 1983, 686.

rade die Krankheit erst zur echten Entdeckung des Lebens. Im Neuen Testament wird ja das Heil des Menschen im Angesicht des Krankgewordenseins in der Wiederherstellung von Beziehung gesehen, in der neu geschenkten Beziehungsfähigkeit des Menschen. Krankwerden also nicht als Ende des Heils, sondern manchmal auch als Weg zum Heil.

In jedem Fall werden viele ernsthaft kranke Menschen bei einer vornehmlich biologischen Orientierung der modernen Medizin, die sich oft mehr als Reparaturbetrieb versteht, vollkommen allein gelassen. Diese krank gewordenen Menschen werden deswegen von der Medizin allein gelassen, weil eine sich vornehmlich als Naturwissenschaft begreifende Medizin die Sinnfrage als eine fremde Frage empfindet. Das Lebensproblem, das der Kranke mit seiner Krankheit hat, scheint für eine solche Medizin nicht in deren Zuständigkeitsbereich zu fallen, und so behandelt sie den Patienten ohne ihn wirklich zu verstehen.

Eine derartige Medizin kann physiologische Werte korrigieren, aber sie ist hilflos und vor allem sprachlos, wenn es um die Deutung dieser Werte im Horizont des Menschseins geht. Die Frage nach dem Sinn, sie stellt sich schlichtweg nicht für die Naturwissenschaft. Und genau das empfindet der moderne Mensch als Ausgeliefertsein, als Nicht-Verstanden-Werden, als Alleinsein in der modernen Medizin, weil bei allen technischen Leistungen die existentielle Krise nicht bewältigt wird, die eigentlich menschlichen Grundprobleme nicht erfasst, sondern zuweilen gar verschärft werden. Eine solche Medizin erweist sich genau deswegen als unzureichend und gar entfremdend, weil sie sich für die Sinnkrise des krank gewordenen Menschen nicht wirklich interessiert. Wer aber in der akuten Konfrontation mit schwerer Krankheit zunächst einmal alle Sicherheiten verliert und in diesem akuten Bedrohtsein zunächst keine aussichtsreichen Ziele mehr zu finden vermag, welche seinem Leben Sinn und Richtung geben, der leidet mehr an dieser existentiellen Bedrohung als an den somatischen Symptomen einer Krankheit – und dieses Leiden an der existentiellen Erschütterung kann und darf der *Medizin als Heilkunde* nicht gleichgültig sein. Insofern ist die heutige Hinwendung zur Spiritualität konstitutiv für den Akt des Helfens von Menschen in Krisensituationen.

3. Spiritualität als Überwindung der Selbstbezogenheit

Spiritualität entspricht nicht nur einem Grundbedürfnis des Menschen, sich auf Ziele auszurichten, sondern sie kann von sich aus Sinn stiften, indem sie den Menschen aus der Selbstbezogenheit befreit. Diese Loslösung ist umso heilsamer, als man anerkennen muss, dass letztlich „der total auf sich selbst gestellte Mensch, der den Sinn seines Lebens ausschließlich in sich selber sucht, dazu verurteilt sein wird, im Bemühen um eine Sinnerfüllung seiner Existenz zu scheitern"[7]. Eine Möglichkeit der Sinnstiftung durch die Überwindung der Selbstbezogenheit ergibt sich nach Robert Antoch aus der Anerkenntnis des Selbstseins im Bezogensein.[8] Damit rekurriert Antoch auf Alfred Adler, der darauf verwiesen hat, wie sehr der Mensch zu einem „Gemeinschaftsgefühl" mit der Welt befähigt ist, aus dem die gegenseitige Bedingtheit von Individuum und Gemeinschaft deutlich hervorspringt. Spiritualität könnte man demzufolge als Schritt zur Beziehungsfähigkeit verstehen, als geistigen Weg zur Herstellung einer Beziehung zur Gemeinschaft und zur Welt. In Anlehnung an Alfred Adler ließe sich sagen, dass Spiritualität zur Überzeugung führen kann, dass jeder Mensch letztlich von der Gemeinschaft alles empfangen hat, was er ist, und dass er als Mensch weiterhin aus dem Gemeinsamen schöpft und schöpfen kann, wenn er sein Leben gestaltet. Aus diesem Gemeinschaftsgefühl strömt Dankbarkeit, eine Haltung, die als eigene Kraft anzusehen ist. Dankbarkeit für das Gegebene, für das, was man vorgefunden hat, ohne Zutun; für das, was man ist: ein gegebenes Wesen, zu dessen Gegebensein man selbst nichts getan hat. Dankbarkeit also im Sinne der Empfindung des grundlegenden Verdanktseins.

---

[7] N. A. Luyten, Der heutige Mensch zwischen Wohlstand und Sinnerfüllung, in: B. Staehelin/S. Jenny/S. Geroulanos (Hg.), Engadiner Kollegium. Vom Sinn und Wert des Lebens, Schaffhausen 1977, 177–186, 181.

[8] R. Antoch, Über Sinn und Unsinn des Begriffs „Gemeinschaftsgefühl" oder: Adlers verfehlte Theorie der Macht, in: U. Lehmkuhl (Hg.), Abschied und Neubeginn, Kontinuität und Wandel in der Individualpsychologie, München 2001, 25–44.

4. Spiritualität als Weg zur inneren Bescheidenheit

Spiritualität kann dazu verhelfen, die Endlichkeit des Lebens akzeptieren zu lernen. Sie kann den Menschen dazu befähigen, das eigene Leben als Gabe anzusehen und auch die eigene Gesundheit nicht als Leistung, sondern als Geschenk zu betrachten. Vor dem Hintergrund einer solchen Grundeinstellung zum Leben wird nicht nur das eigene Dasein zum Geschenk, sondern auch die Heilungsbemühungen werden in diesem Kontext immer als auf Gnade angewiesene Versuche gedeutet. Das *Gesundwerden also nicht als logisches Resultat eines kalkulierbaren Herstellungsprozesses,* sondern letzten Endes immer als ein Geschenk, auf das man keinen Anspruch hat, und somit als eine Gunst, für die man – wiederum – nur Dankbarkeit empfinden kann. Mit dieser Dankbarkeit ist zugleich auch die Grundhaltung der Demut verbunden: „Spiritualität in der Medizin bedeutet, die eigene Endlichkeit, das heißt aber auch die Endlichkeit der Heilkunst zu akzeptieren und die Heilkunst nicht zur Heilslehre zu überhöhen.“[9] Auf diese Weise kann, so Körtner, die Spiritualität dazu beitragen, dass sich Ärzte und Patienten wechselseitig von übertriebenen Erwartungen entlasten können. Spirituelle Ausrichtung kann oft eine Hilfe dazu sein, einen guten Umgang mit der Grenze zu finden. Letzten Endes erreicht Spiritualität genau das, was heute am meisten nottut: die Ansprüche des modernen Menschen herunterzuschrauben, ihn zu innerer Bescheidenheit zu befähigen und damit ihn zu nichts weniger zu befähigen als zur Lebenskunst.

Schlussfolgernd lässt sich sagen, dass es grundsätzlich zu begrüßen ist, wenn Medizin über die Spiritualität nachdenkt. Denn ein Helfer, der sich für die Spiritualität nicht interessiert, wird in manchen Situationen ein hilfloser Helfer sein. Oft kann dem Patienten eben eher über seine Spiritualität geholfen werden als über die Wiederherstellung von Funktionsfähigkeiten. Und doch hat die Verbindung von Medizin und Spiritualität auch ihre Unzulänglichkeiten und ihre Grenzen.

---

[9] U. H. Körtner, Spiritualität, Religion und Kultur. Eine begriffliche Annäherung, in: Ders./S. Müller/M. Kletecka-Pulker/J. Inthorn (Hg.), Spiritualität, Religion und Kultur am Krankenbett, Berlin 2009, 1–17, 15.

5. Zweckorientierte Spiritualität als innerer Widerspruch

Die entscheidende Grenze zwischen Spiritualität und Medizin betrifft die Grundhaltung, mit der auf Spiritualität medizinischerseits zurückgegriffen wird. Ich würde diese Grenze als Grenze der Zweckorientierung von Spiritualität bezeichnen, denn im Zuge eines breit etablierten Zweckmäßigkeitsdenkens in der Medizin wird jeglicher Sinn letztlich nur noch an der technologischen und zunehmend auch ökonomischen Nutzenmaximierung gemessen. Paradigma ist heute die Verbindung von messender Naturwissenschaft, herstellender Technik und berechnender Ökonomie. Folgerichtig ergibt sich nach dieser Trias der Sinn allein aus dem nachweisbaren Ergebnis. Der Erfolg dieser Trias ist dadurch zu erklären, dass sie so einfach ist. Es bedarf keiner Reflexion auf die Inhalte, sondern es genügt die Fixierung auf die Ergebnisse, z. B. auf die bloße Funktionalität der Organe des Menschen. Verorten wir nun auch die Spiritualität in diesem Grunddenken, dann wird auch sie ausschließlich in ihrer Funktion gesehen, andere Ziele mit ihr zu erreichen. Es handelte sich dabei also um eine Einengung der Spiritualität auf ihren instrumentellen Mehrwert, wodurch der eigentliche Sinn der Spiritualität in sein Gegenteil verkehrt wird. Spiritualität als Ausrichtung auf die Transzendenz, die genau dadurch charakterisiert ist, dass sie gerade nicht nach Nutzenkalkül schielt, würde zum Instrument eines reinen Nutzenkalküls in einem auf Effizienz und reine Funktionalität ausgerichteten Dienstleistungsunternehmen Krankenhaus. Wenn wir Spiritualität nur danach bemessen, welche Auswirkungen sie auf das Befinden des Menschen hat, kann das zur Folge haben, dass wir die spirituelle Ausrichtung nur dann für belangvoll halten könnten, wenn sie bestimmte Wirkungen im Individuum hervorruft. Damit aber entkleidet man die Spiritualität komplett ihres Inhalts und tut so, als hätte Spiritualität eine Funktion.[10] Doch das Gegenteil ist der Fall. Spiritualität ist nicht für etwas gut, sondern sie ist für sich und in sich gut, weil der Sinn in ihr selbst liegt. Spiritualität ist zweckfrei und gerade deswegen von Bedeutung. Wenn dem nicht so wäre, dann würde das Spirituelle komplett an Wert verlieren, würden nicht nachweisbare Gesundheitseffekte damit erzielt werden.

---

[10] K. Baumann, Religiöser Glauber, persönliche Spiritualität und Gesundheit, in: ZME 55 (2009), 131–144.

Ein solches funktionalistisches Denken wird der Spiritualität und dem Menschen nicht gerecht; denn es wird ihr ein falsches Menschenbild zugrunde gelegt, das mit dem Spirituellen geradezu im Widerspruch steht. Wenn nämlich nur noch danach gesucht wird, wie der Mensch auf Spiritualität reagiert, wird in diesem Fall der Mensch nicht mehr als leib-seelische Einheit betrachtet, wie es der Spiritualität gemäß sein müsste, sondern der Mensch wird allein schon durch den methodischen Aufbau und durch die verengte Fragestellung zum reinen Gegenstand, zum bloßen Objekt. Das, was die Spiritualität eigentlich beheben müsste, die Objektbeziehung der modernen Medizin zum Menschen, wird in der Weise, wie hier auf den Aspekt „Spiritualität" eingegangen wird, eher noch verstärkt. Und so erscheint auf der zweckmäßigen Suche nach einer *Operationalisierbarkeit der Spiritualität* der Mensch erneut (oder besser gesagt immer noch) als ein Objekt, das man sezierend und aus der Ferne beobachtet, statt sich ihm als Einheit von innen her zu nähern.

Wir haben es hier letzten Endes mit einem inneren Widerspruch zu tun. Einerseits fordern wir Spiritualität als Durchbrechung des rein naturwissenschaftlichen Denkens in der Medizin, auf der anderen Seite verlangen wir aber materielle Resultate der Spiritualität. Das geht nicht zusammen.

Wenn wir nämlich Spiritualität allein unter funktionalistischer Perspektive betrachten, dann wäre ja das Entscheidende eines solchen Vorgehens nicht mehr der Inhalt, der im Erleben von Spiritualität erschlossen wird, sondern das Eigentliche wäre, dass man darauf nachweisbar reagiert. Die Reaktion wäre also zentraler Zielpunkt, nicht der Inhalt, der Effekt also anstelle des Inhaltes selbst. Das hieße, in einem so funktionalistischen Sinn würde es genügen, wenn der Mensch durch methodischen Aufbau dazu gebracht werden könnte, zum Beispiel ergriffen zu sein. Wovon er ergriffen sein soll und von welchem Weltverständnis bewegt, das wäre eher sekundär. Hauptsache man hat ein solches Gefühl des Ergriffenseins bewirkt, dann hätte man sein Ziel erreicht. Zu Ende gedacht wäre in dieser Konzeption Spiritualität letztendlich nichts anderes als „die Fortsetzung einer Erlebnisgesellschaft, nur eben mit andren Mitteln"[11]. Damit würde Spiritualität reiner Bestandteil eines Selbst-

---

[11] M. N. Ebertz, „Spiritualität" im Christentum und darüber hinaus. Soziologi-

verwirklichungsdenkens werden, und das auf Kosten des Inhalts der Spiritualität selbst. Dies macht deutlich, dass Spiritualität gerade nicht Bestandteil des rein funktionalistischen Denkens werden darf. Denn am Ende einer solchen Zugangsweise stünde nicht die vollendete Spiritualität, sondern der reine *Spiritualitätskonsum.*

Spiritualität in der Medizin kann daher nichts anderes sein als ein Sich-öffnen-Können für ein Gewahrwerden des übergreifenden Getragenseins. Spiritualität eröffnet das Bewusstsein für das Übergreifende und kann auf diese Weise eine innere Heilkraft freisetzen. Diese kann einerseits den Menschen stärken und ihn unter Umständen sogar weniger anfällig machen gegenüber dem Krankwerden; vor allem aber kann sie eine innere Wirksamkeit im Menschen hervorbringen, die daraus resultiert, dass der Mensch vermittels Spiritualität besser befähigt wird, mit der Krankheit selbst zu leben, sie anzunehmen und auch einzubauen in den weiteren Lebensplan. Insofern „wirkt" Spiritualität. Aber sie wirkt eben nicht, wie der Mensch in seinem Machbarkeitsdenken sich das vielleicht gerne wünscht. Sie wirkt nicht einfach dadurch, dass sie Krankheiten „wegmacht". Sie wirkt vielmehr dadurch, dass sie eine Heilkraft freisetzt, die spirituell wirkt, also auf das Bewusstsein, auf den Geist einwirkt. Indem sie den Menschen auf die Grundfragen des Menschseins verweist und ihm die Chance gibt, auch und gerade im Umgang mit dem Sein in Krankheit, neue Dimensionen zu eröffnen und sich im Kranksein immer noch getragen zu fühlen.

Immer wird das Krankwerden etwas Widerständiges bleiben: Wir werden Kranksein stets als etwas ansehen, was wir uns nicht frei ausgesucht hätten. Kranksein ist zwar stets das zu Vermeidende, und doch ist Kranksein ab dem Moment, da es ist, deswegen nicht das Ende des guten Lebens. Es kommt auf den kranken Menschen an, wie er die nicht gewünschte Krankheit aufnimmt, mit ihr umgeht, sie einbaut in seine Biographie. Spiritualität kann dem Menschen helfen, dieses Krankgewordensein als etwas anzusehen, das zur aktiven Bewältigung einlädt; als etwas, das dem Menschen einen Auftrag erteilt, damit er sich nicht einfach der Krankheit ausgeliefert fühlt, sondern auch im Kranksein seine Ressourcen erkennt, das Nicht-Gewünschte auf seine Art zu überwinden. Und diese Weise kann

---

sche Vermutungen zur Hochkonjunktur eines Begriffs, in: Zeitschrift für Religionswissenschaft 13 (2005), 193–208, 205.

eben nur eine innere sein, eine geistige, eine spirituelle, die so etwas wie eine „Seelenkraft" aktualisieren kann. „Seelenkraft" aber folgt nicht dem Zweckmäßigkeitsdenken, sondern übersteigt es.

6. Zweck-los und deswegen sinn-voll

Für Europas (Human-)Kultur im 21. Jahrhundert ist es nötig, darüber nachzudenken, worauf die ganzheitliche Behandlung und Betreuung von kranken und gebrechlichen Menschen ausgerichtet sein soll. In der Medizin ist dazu ein Denkmodell vorherrschend, nämlich das zweckrationale. Das heißt, dass man in der Medizin sehr früh lernt, sich auf klar bestimmbare Zwecke festzulegen, die man im Vorhinein festzurrt. Genauso funktioniert alle Forschung in der Medizin: Für die Generierung eines Forschungsergebnisses ist es maßgeblich, die Endpunkte anzugeben, d. h. sich festzulegen, für welchen Zweck die zu evaluierende neue Behandlungsmethode gut sein soll. Bei aller Variabilität der Zweckausrichtung bis hin zu psychischen Zuständen bleibt das Denkmodell in der Medizin einer Zweckrationalität verhaftet.

Innerhalb dieser Verstrickung im Zweckrationalen neigt die moderne Medizin dazu, den Zweck so zu verabsolutieren, dass sie gelegentlich meint, auch den Sinn selbst in Zweckkategorien erfassen zu können. Sozusagen: der Sinn der Frage nach dem Sinn ist der Zweck des Besserfühlens. Und doch: Wenn wir innerhalb des Zweckrationalen verharren, so bedeutet das, dass wir den eigentlichen Sinn der Betreuung von hilfsbedürftigen Menschen nicht erfassen können. Genau das geschieht zuweilen in der modernen Medizin. Sie fragt nach der zweckrationalen Methode, nach dem Mittel zur Symptombekämpfung. Und das ist ja auch zu begrüßen und für viele Menschen sehr hilfreich. Aber sich darauf zu beschränken und allein in der effektiven Symptombekämpfung den Sinn ärztlicher Tätigkeit sehen zu wollen, wäre wiederum ein Reduktionismus, den wir durchbrechen müssen. Sinn und Zweck dürfen nicht in eins gesetzt werden. Während der Zweck klar und deutlich bestimmbar ist, haftet dem Sinn etwas weniger Klares an; Sinn kann unbestimmt bleiben. Sinn lässt Raum für das Ungreifbare, für das Unbestimmbare, ja gar für das Geheimnis. Geheimnis nicht als Noch-Nicht-Wissen sondern als Nicht-Wissen-Können. Das Nicht-Wissen-Können nicht als das Widerständige, sondern als Befähigung dazu, etwas Übergreifendes zu erahnen.

Vor diesem Hintergrund wird deutlich, dass Sinn weniger mit Objektivierbarkeit als vielmehr mit Ahnung zu tun hat, d. h. mit einer Befindlichkeit, in der das Bewusstsein der größeren Zusammenhänge fruchtbar wird; ein Gewahrwerden also der großen Lebenszusammenhänge, die zwar nicht quantifizierbar und definierbar sind, die aber als solche empfunden werden können und dadurch zu etwas Tragendem werden. Man könnte es auch so sagen: „Je tiefer der Sinngehalt, desto ferner der Zweck“[12]. Eine Behandlung mag zwar zwecklos verlaufen, weil sie den Behandlungszweck der Symptomlinderung nicht erzielt. Aber damit wird sie nicht zugleich auch sinnlos. Sie wird eben nicht sinnlos, solange Arzt und Patient sich bewusst bleiben, dass die Effektivität der Symptomlinderung nicht das einzige Ziel der Sorge um den Patienten ist, sondern dass in jeder Begegnung die Chance besteht, dass der Patient zu einem neuen Bewusstsein gelangen kann. Dass er zum Beispiel innerhalb der Behandlung zu einem Gefühl des Sich-getragen-Wissens gelangt, dass er auf Unterstützung vertraut.[13] Dieses Gefühl des Sich-getragen-Wissens lässt sich aber nicht einfach herstellen und als Zweck definieren, sondern ist ein Erleben, das sich einfach „breit macht“, wenn eine bestimmte Atmosphäre und eine innere Disposition den Raum dafür schaffen.

Sollten wir also den Sinn auf den Zweck reduzieren, dann verkennen wir, dass der Mensch dazu befähigt ist, auch innerhalb der Unheilbarkeit im Bewusstsein größerer Zusammenhänge so etwas wie „Sinn“ zu finden, vorausgesetzt, man bietet in der Begegnung mit ihm Raum dafür, und vorausgesetzt, es ist jemand da, der ihn aufschließen kann. So kann jeder Mensch heil werden, ohne gesund werden zu müssen. Er kann heil werden dadurch, dass er die Krankheit durch Annahme überwindet. Heil werden nicht etwa durch das Planen, nicht durch das Machen, nicht durch die zweckrationale Bemächtigung, sondern heil werden durch das Sich-Aufschließen,

[12] H. Tellenbach, Der Sinn und die Zwecke. Zur Antinomik und Begrenzung und Erweiterung der Freiheit durch die Zwecke, in: C. Herbert (Hg.), Sinnverlust und Sinnfindung in Gesundheit und Krankheit, Würzburg 1988, 51–59, 56.

[13] A. Büssing, Spiritualität, Religiosität und Krankheitsumgang. Bedeutung des Gott-Verlustes für den Krankheitsumgang, in: LebZeug 62 (2007), 88–102.

durch das Sich-Öffnen, durch das Aufmerksamwerden auf die transzendenten Erfahrungen, die nicht kalkulierbar und fassbar sind. Und hier löst sich der Zusammenhang von Zweck und Sinn: Auch ohne den Zweck leiblicher Heilung kann der Mensch heil werden, je nachdem wie er mit seiner Krankheit umgeht, je nachdem wie er sie in sein Leben integriert. Wird Spiritualität in der Medizin in funktionalistischer Weise integriert, so stülpt man ihr paradoxerweise ein Konzept auf, das ja gerade durch Spiritualität gesprengt werden müsste.

Und so dürfen wir im Kontext von Europa und Spiritualität auch neu über die *Unverfügbarkeit der Heilung* und erst recht des Heils sprechen. Denn was die Medizin in ihrem zweckrationalen Denken suggeriert, ist die Herstellbarkeit von Heilung. Freilich sucht sie legitimerweise nach Mitteln dazu. Dieses Herstellungsdenken überträgt sie jedoch leicht auch auf die Spiritualität. Dabei übersieht sie, dass man schon bei Heilung von einem grundsätzlich unverfügbaren Ereignis ausgehen muss. Heilung lässt sich nicht einfach „herstellen“: sie kann sich ereignen, aber als Produkt garantieren können wir sie nicht. Wir können letzten Endes nur das Richtige tun und dann darauf vertrauen. Und erst recht ist diese grundsätzliche Unverfügbarkeit im Kontext der Spiritualität unabwendbar und geradezu konstitutiv. Es wäre eine Infragestellung der Spiritualität, wollte man sie als garantiertes Mittel zum Zweck betrachten. Diese Grundüberzeugung der absoluten Unverfügbarkeit von Heilung und Heil ist notwendig, um Spiritualität nicht mit Magie zu verwechseln.

7. Fehlende Radikalität des Spiritualitätsgedankens in der Medizin

Europa im 21. Jahrhundert braucht eine breit angelegte Spiritualität mit dezidierter Einbeziehung von Sinnfragen in die Medizin. Damit aber diese neue – und zugleich alte – Integration tatsächlich fruchtet, muss sie sich komplett lösen von den beherrschenden Ideologien der High-Tech-Medizin als Dienstleistungsunternehmen zur Reparatur von kranken Körpern. Wenn der Gedanke der Spiritualität und die Berücksichtigung von Sinnfragen adäquat Eingang finden sollen, dann müssen diese Gesichtspunkte von Helfern realisiert werden, die sich *als ganze Personen für den ganzen Menschen einsetzen* wollen. Deshalb ist jeder Versuch, in dem modernen, arbeitsteiligen und auf Effizienz ausgerichteten System der Medizin Spiritualität zu implementieren ein Kampf gegen Windmühlen, Windmühlen von Naturwissenschaft, Technik und Ökonomie.

Eben hier greift die Notwendigkeit der Spiritualität. Genau hier muss im 21. Jahrhundert die Medizin grundlegend neu denken, und nicht nur zusätzlich zur High-Tech noch ein bisschen „Spiritualität“ anbieten. Die Lösung kann also nur sein, dass die Spiritualität nicht neben einem System herlaufen kann, das die Zeit wegrationalisiert; einem System, das die technische Lösung für Menschheitsfragen finanziell bevorzugt; einem System, das ungebremst den Menschen in Subsysteme aufteilt und dabei den ganzen Menschen zum Verschwinden bringt. In einem solchen Medizinsystem wäre die Spiritualität nicht mehr als eine weitere Spezialität nebst vielen anderen; eine Spezialität, die bei Qualitätsmanagementprozessen mit abgefragt werden würde, ohne dass tatsächlich das Anliegen der Sinnfragen realisiert würde. Denn nicht Spezialisten für die Spiritualität, sondern Spezialisten für den ganzen Menschen sind vonnöten. Solche „Spezialisten“ lassen sich nur entwickeln und entfalten, wenn die gesamte Praxis der Medizin sich ändert, wenn sie sich komplett öffnet.

8. Schlussfolgerungen

Die moderne Medizin zu Beginn des 21. Jahrhunderts ist in der Krise: Die Krise liegt nicht zuletzt an den übermächtigen Kategorien der Naturwissenschaft, an der Zelebrierung eines technologischen Imperativs, an der Glorifizierung des Zweckrationalen und daran, dass sich die Medizin nicht nur von außen, sondern vor allem von innen her dem Diktat der Machbarkeit vollkommen beugt, ohne es richtig zu merken. In dieser Krise mag die Beachtung spiritueller Bedürfnisse der Patienten ein wichtiges Korrektiv sein, ein zentraler Baustein, um der Medizin das zurückzugeben, was sie am meisten verloren hat: die Hinwendung zum Menschen als einer leibseelischen Einheit. Aber Spiritualität kann nur dann Krisenbewältigung sein, wenn sie nicht innerhalb eines arbeitsteiligen und ökonomisch vorgegebenen Prozesses in einem Dienstleistungsunternehmen nebst anderen Spezialeinheiten eingereiht wird, sondern wenn die Medizin zulässt, dass Spiritualität die etablierten medizinischen Vordenkmuster sprengt und, anstatt ein kleines zusätzliches Glied abzugeben, den Mut und die Kraft erhält, die gesamten Strukturen der Medizin zu durchziehen. Die Medizin wird nicht humaner, wenn man im Aufnahmebogen noch eine Frage zur „Spiritualität" beantworten kann.

So müsste die Einsicht, dass der Mensch nicht anders existieren kann, als nach dem Sinn zu fragen, ein Grunddenken der gesamten Medizin sein. Man müsste dazu übergehen, Krankheit eben nicht nur zu verobjektivieren, um sie sich dadurch fernzuhalten. Sondern es gilt, dem Kranksein Raum zu geben und dieses Sein als einen Anruf zu verstehen: als einen menschlichen Anruf, der es zwar erforderlich macht, ihn zu verobjektivieren, der es aber verbietet, bei der Verobjektivierung stehen zu bleiben. Ein Anruf, der neben der analytischen Verstandestätigkeit des Arztes auch eine „Erkenntnis des Herzens" möglich macht. Eine *raison du cœur* also, die es verlangt, dass der Arzt nicht nur seine Fertigkeiten einbringt, sondern sich anrühren lässt von der Not des Kranken. Dass er sich tief einlässt auf Kosmos und Chaos des Patienten, um durch dieses Sich-Einlassen das zu erspüren, was man eben nur erspüren und nicht berechnen kann: nämlich das Gefühl für den Weg zur Eröffnung tieferer Schichten der in Bedrängnis geratenen Existenz des Patienten.

Dieser zu erspürende Weg zu den tieferen Schichten kann bei Zulassung echter Begegnung dazu führen, dass dem Kranken dazu verholfen wird, auch in der Situation der Nicht-Heilbarkeit dennoch zu einem guten Leben zurückzufinden, zu einer ganz anderen Form von „Gesundheit", die am Ende die eigene Krankheit nicht bloß als das zu Bekämpfende und zu Vernichtende, das unbedingt aus dem Weg zu Räumende betrachtet, sondern ab einem bestimmten Punkt zugleich auch als etwas ansieht, „das es zu bejahen und dadurch zu bewältigen, vielleicht gar innerlich zu überwinden gilt"[14]. Und für diese Überwindung bräuchte der Patient einen Arzt, der ihn durch seine menschliche Hingabe öffnet für die Chance, auch im kranken Sein einen eigenen Sinn zu finden. Wenn ein kranker Mensch um einen solchen Arzt wüsste, wäre das allein schon Trost. Dann ließe sich mit Fug und Recht sagen, dass eine solche Medizin – auch

---

[14] P. F. Matthiessen, Prinzipien der Heilung im Neuen Testament, in: B. Fuchs/ N. Kobler-Fumasoli (Hg.), Hilft der Glaube? Heilung auf dem Schnittpunkt zwischen Theologie und Medizin, Münster 2002, 146–172.

wenn sie Technik anwendet – in dieser Anwendung ein humaner Dienst am ganzen Menschen werden kann.

Also: Welche Spiritualität braucht Europa im 21. Jahrhundert? Wohl eine solche, die auf der Suche nach Ganzheit den Menschen spirituell begleitet: gerade in der Medizin.

Resümee: Spiritualitäten und Spiritualität

Vom transreligiösen Begriff der Spiritualität über dessen Kategorisierbarkeit zur Struktur des Sammelbandes

Erwin Möde

„Die schwarze Sonne der Sprache“ (M. de Certeau), die ursprünglich „pechschwarze“ Gallapfel-Tinte auf weißem Pergament, ermöglichte uns seit antiken Tagen den buchstäblichen Dialog der Schrift(en). Das gilt auch für den hier verschriftlichten Dialog zur drängenden Frage nach der Spiritualität für Europa im 21. Jahrhundert. Zwar sind die zehn Einzelbeiträge dieser „Quaestio disputata“ nicht mehr in Tinte zu Papier gebracht, sondern digitalisiert, aber das die Schrift tragende Prinzip des Symbolischen und Mittelbaren gilt weiter für das Niveau und die pluralen Schriftaussagen der Autoren zum angefragt Spirituellen. Wie plural und eigenwillig die Beiträge auch sind, so subsistiert ihnen doch *allen* ein präkursorisches Verständnis von Spiritualität.

Diese *konsensfähige Option* für „Spirituelles“ und für Spiritualität als Desiderat lässt sich womöglich wie folgt umschreiben: Ähnlich der Vermittlungs- und Repräsentativfunktion der Schrift ist die *Mediationsaufgabe* der angefragten Spiritualität. Keinem der Autoren gilt sie als Selbstwert geschlossen an sich, sondern jeder der durchwegs kritischen Beiträge diskutiert Spiritualität im Horizont des Symbolischen und Vermittelnden. Eben darin konvergieren sie unausgesprochen. Mit „Horizont des Symbolischen“ sind hier Ästhetik, Sinndimension und Hermeneutik jenseits des Faktizistischen, Historistischen und naiv Realistischen gemeint. Eine Mitteilungs-, Verständnis-, Sprach- und Sinndimension, die statt Fixierungen und Äquivalenzsetzungen, statt behauptender „Gleichungen“ Anderes ermöglicht, nämlich Suchbewegungen. So wie in Symbol und Schrift(verlauf) stets Präsenz mit Absenz gestalterisch ineinander schwingen, so wie alles Sagen auf das noch nicht Gesagte verweist, kommt allen Beiträgen ihre je eigene und doch „gemeinsame“ Verweisfunktion zu. Das gilt auch für Spiritualität: als Desiderat, Weg, Ausrichtung und als Medium von Verbindung mit Humanem, Heilsamem und Transzendentem. Eine Spiritualität, die vor allem die nicht (auf-)lösbare Sinnfrage ins Gedächtnis ruft, scheint für ein Gros der Menschen „quer durch alle Milieus [...] gerade auch in den jungen postmodernen Lebenswelten, in denen man prinzipiell auf der Suche ist“[1] am besten anschlussfähig zu sein. In diesem gemeinsamen Schnittpunkt liegt die große Chance einer Spiritualität für das Europa des 21. Jahrhunderts.

Wie verschieden in Sprache, Tenor und Themenfeld(ern) die zehn Beiträge auch sind, ihr suchendes Ansinnen im *Horizont des Symbolischen* bringt dem Sammelband jene konkave Wölbung, die zur wissenschaftlichen Diskussion unbedingt gehört. Anders gesagt: Wie bedingt auch die „Passform“ (D. Stern) der Einzelbeiträge zu- und untereinander sein mag, so gestalten sie insgesamt einen vermittelnden Zugang zur Quaestio für die Leser(innen). Mit dieser artikelübergreifenden, allgemeinen und „ver-bindlichen“ Aussage wird fraglich, welche inhaltlichen Erträge, divergierenden und konvergierenden Formierungen dieser Band zu liefern vermag. Unangebracht wäre es im folgenden, kompakten Antwortprozess die einzelnen Beiträge inhaltlich gekürzt zu wiederholen, so als ob sich aus vielen Kurzresümees additiv das Gesamtresümee ergäbe. Mehr Zugewinn für die thematisch Re-flexion und das Leseinteresse verspricht die abstrahierende Methode, nämlich eine *Resultante* aus dem Kräftefeld der Beiträge zu ziehen. Damit diese nicht willkürlich wird, sondern nachvollziehbar, bedarf es gewisser „Knotenpunkte“ als Koordinaten. Deren Rasterung gilt es zunächst plausibel herauszuarbeiten.

Die zehn Beiträge zur These bzw. „Quaestio“ spannen sich wie ein „Regenbogen“ mit seinen Spektralfarben aus „Zwischen engem und weitem Spiritualitätsbegriff“ (E. Frick). Wie in der „Einleitende(n) Hinführung zum Begriff Spiritualität“ dargelegt, lassen sich innerhalb des Spektrums kategorielle Zuweisungen der einzelnen Beiträge vornehmen. Voraussetzung dafür ist das Abweichen von einem religiösen zu einem „transreligiösen“ Spiritualitätsbegriff, so wie er einführend bereits erarbeitet wurde. Die Kompatibilität aller Einzelbeiträge sowohl mit der „Quaestio“ als auch zum Begriff „Spiritualität“ wird also ermöglicht durch eine Weitung des Begriffs hin

---

[1] MDG-Milieuhandbuch 2013. Religiöse und kirchliche Orientierungen in den Sinus-Milieus, hg. v. MDG Medien-Dienstleistung GmbH, Heidelberg/München 2013, 7.

zum Verständnis von Spiritualität als: responsive Beziehung zum (inhaltlich, formalobjekthaft unbestimmt gelassenen) Transzendent-Absoluten. Insbesondere dieses Beziehungsgeschehen, da es dem postmodernen Menschen fremd zu werden droht[2], als *Konstitutivum* zu proklamieren, wird die bleibende Aufgabe und vorrangige Herausforderung sein bei allen Entwürfen zu einem transreligiös verstandenen Spiritualitätsbegriff für Europa.

Derart definitorisch verankert wird das Ansinnen der Autor(inn)en für eine desiderative Spiritualität des 21. Jahrhunderts weder begriffsfremd noch beliebig, sondern zweifach verortbar: Einerseits im begriffsbezogenen theologischen bzw. humanwissenschaftlichen Diskurs, andererseits im Bezug auf ein sich wandelndes Europa der Zukunft, womöglich in konsolidierter Staatengemeinschaft. Dass die „Quaestio" eine These zu spekulativen Antworten abgibt, versteht sich von selbst und gehört zum Attraktiven der Reihe. Dass sie vermittels der Weitung des Spiritualitätsbegriffs überschaubar plurale Ansätze umfasst und in einen dialogalen Prozess von Konsens- und Sinnfindung führt, erweist die „These" als aktuell und wissenschaftlich profundiert.

Wie also werden die einzelnen Beiträge hinsichtlich des Zentralbegriffs „Spiritualität" unter Wahrung des pluralen Ansatzes kategorisierbar? Begriffsdifferenzierend lassen sich *drei* Kategorien bilden, die zueinander in Komplementärverhältnissen stehen und bereits in der Gliederung des Bandes systematisierend vorgegeben werden. Spiritualität als responsive Beziehung zum Transzendent-Absoluten wird zur integrativen *Schlüsseldefinition* sowohl innerhalb der drei Kategorien als auch für deren plurale Einheit. Hinsichtlich ihrer formalobjekthaft-inhaltlichen Bestimmung unterscheiden sich die Kategorien wie folgt: Die *erste*, überschreibbar mit „Christliches Spiritualitätsverständnis", geht vom personal Transzendent-Absoluten aus, genauerhin von einem trinitären Gottesbegriff. Dieser wird gewissermaßen apriorisch von den Beiträgen (Kardinal Marx, H.-B. Gerl-Falkovitz, R. Jost) vorausgesetzt, so dass er ihnen kategoriebildend subsistiert. Weniger die Begriffsdefinition für Spiritualität aus christlichem Hintergrund, sondern die Anwendung von Spiritualität auf aktuelle Glaubens- und Lebenswirklich-

---

[2] Vgl. hierzu die Analyse der Sinus-Studie, die den Bedeutungsverlust des Transzendenten im alltäglichen Leben der Menschen als Gegebenheit festhält. Ebd., 20.

keiten sowie (ethische) Handlungsfelder, ist das methodische Anliegen der Autor(inn)en dieser ersten Kategorie.

Die drei Autoren der *zweiten* Kategorie (M. Eckert, M. Günes, M. Wolffsohn) gehen in dekonstruktiver Methodik (ästhetisch, religionskritisch, anthropologisch) von einem monotheistischen, nicht aber von einem christlich-trinitären Spiritualitätsverständnis aus. Dabei beziehen sie sich als Vertreter der drei „Abrahamitischen Religionen" (Judentum, Christentum, Islam) auf das personal Transzendent-Absolute, nicht ohne dessen Fassbarkeit, Verbegrifflichung und (institutionale) Be-deutung kritisch zu hinterfragen. Eben dieser Dekonstruktivismus reduziert Sprachbarrieren und eröffnet kompatible neue Wege in eine (allgemeine) Spiritualität für das Europa des 21. Jahrhunderts.

In der *dritten* Kategorie (M. Balle, A. Habisch, G. Maio), die sich insbesondere durch den Beitrag des Mediziners G. Maio auf einen transreligiösen Spiritualitätsbegriff hin weitet, wurden „Kulturkrise und Spiritualität" unter dem Leitmotiv der Überwindbarkeit diskutiert. Die dazu beigebrachten Kernthemen (aus „Medienwelt", Medizinpraxis, Unternehmenskultur) sind von brisanter gesellschaftspolitischer Bedeutung. Dass Europa Spiritualität braucht, wird sowohl durch die Aktualität der ausgewählten Themen evident als auch durch deren angedachte Lösungswege.

Was schließlich lässt sich als „Quintessenz" dieses Resümee weitergeben, so dass der durch die These angestoßene Dialog sich vertiefen kann? – Ein weiträumiges Europa kultureller wie religiöser Vielfalt braucht für seine gedeihliche Entwicklung in das 21. Jahrhundert hinein wohl Beides: Spiritualitäten *und* Spiritualität. Das Spannungsverhältnis „dazwischen" kann kreativer Resonanzraum sein für die Entwicklung eines neuen Bewusstseins von Gemeinsamkeit, von Endlichkeit und Transzendenz im großräumigen „Haus" Europa.

Autorenverzeichnis

Balle, Martin, Dr. phil., geb. 1963; Verleger, Professor für Journalistik an der Technischen Universität Deggendorf.

Eckert, Michael, Dr. phil. Dr. theol. habil., geb. 1951; Professor für Fundamentaltheologie an der Eberhard Karls Universität Tübingen.

Gerl-Falkovitz, Hanna-Barbara, Dr. phil. habil. Dr. h.c., geb. 1945; 1993–2011 Professorin für Religionsphilosophie und vergleichende Religionswissenschaft an der Technischen Universität Dresden, seit 2011 Vorstand des Europäischen Instituts für Philosophie und Religion (EUPHRat) an der Hochschule Benedikt XVI. in Heiligenkreuz/Wienerwald.

Günes, Merdan, Dr. phil., geb. 1967; Lehrbeauftragter für Islamwissenschaften an den Universitäten Frankfurt/Main und Osnabrück, islamischer Religionslehrer und Mitglied der Fachdidaktischen Kommission in Rheinland-Pfalz.

Habisch, André, Dr. theol. habil., Dipl. Volkswirt, geb. 1963; Professor für Sozialethik und Gesellschaftspolitik an der Katholischen Universität Eichstätt-Ingolstadt und Associate Research Director der European Academy Business and Society.

Jost, Renate, Dr. theol. habil., geb. 1955; Professorin für Theologische Frauenforschung und Feministische Theologie an der Augustana-Hochschule in Neuendettelsau.

Maio, Giovanni, Dr. med., M.A., geb. 1964; Professor für Ethik und Geschichte der Medizin an der Albert-Ludwigs-Universität Freiburg i. Br.

Marx, Reinhard, Dr. theol., geb. 1953; Erzbischof von München und Freising, 2010 zum Kardinal ernannt, Vorsitzender der Deutschen Bischofskonferenz, Präsident der COMECE.

Möde, Erwin, Dr. phil. Dr. theol. habil. Lic. psych., geb. 1954; Professor für Christliche Spiritualität und Homiletik an der Katholischen Universität Eichstätt-Ingolstadt.

Wolffsohn, Michael, Dr. phil. habil., geb. 1947; 1981–2012 Professor für Neuere Geschichte an der Universität der Bundeswehr (München).